7招打造高绩效销售管理

High Performance
Sales Management
In 7 Ways

季 婉/著

中华工商联合出版社

图书在版编目(CIP)数据

7招打造高绩效销售管理 / 季婉著. — 北京：中华工商联合出版社，2024.8. — ISBN 978-7-5158-4051-2

Ⅰ.F713.3

中国国家版本馆CIP数据核字第20243XV734号

7招打造高绩效销售管理

作　　者：	季　婉
出 品 人：	刘　刚
责任编辑：	楼燕青
装帧设计：	周　源
排版设计：	水京方设计
责任审读：	付德华
责任印制：	陈德松
出版发行：	中华工商联合出版社有限责任公司
印　　刷：	北京毅峰迅捷印刷有限公司
版　　次：	2024年10月第1版
印　　次：	2024年10月第1次印刷
开　　本：	710mm×1020mm　1/16
字　　数：	220千字
印　　张：	15
书　　号：	ISBN 978-7-5158-4051-2
定　　价：	59.90元

服务热线：010—58301130—0（前台）
销售热线：010—58302977（网店部）
　　　　　010—58302166（门店部）
　　　　　010—58302837（馆配部、新媒体部）
　　　　　010—58302813（团购部）
地址邮编：北京市西城区西环广场A座
　　　　　19—20层，100044
http://www.chgslcbs.cn
投稿热线：010—58302907（总编室）
投稿邮箱：1621239583@qq.com

工商联版图书
版权所有　侵权必究

凡本社图书出现印装质量问题，请与印务部联系。
联系电话：010—58302915

Preface | 前言

销售管理者在日常工作中可能会遇到许多常见的管理问题。以下是一些典型的管理问题：

销售目标设定不明确或不切实际：销售管理者需要确保设定的销售目标既具有挑战性，又具有可实现性。不明确或不切实际的目标可能导致团队成员失去动力，影响销售业绩。

销售政策执行不力：销售管理者需要确保公司销售政策的有效执行，确保销售目标的实现。

销售团队成员的能力参差不齐：销售管理者需要面对团队成员能力差异较大的问题，通过培训和激励，提高团队的整体业绩。

销售渠道管理不善：销售管理者需要关注销售渠道的拓展和维护，确保销售渠道的畅通，以提高销售效果。

销售团队沟通不畅：销售管理者需要建立有效的沟通机制，确保团队成员之间的信息畅通，以便更好地协同工作。

销售人员激励不足：销售管理者需要采取适当的激励措施，激发销售人员的积极性和创造力，提高销售业绩。

销售过程管理不规范：销售管理者需要建立一套规范的销售流程，确保销售活动的有序进行，降低销售风险。

销售团队凝聚力不足：销售管理者需要关注团队建设，提高团队凝聚力，以便更好地应对市场挑战。

与客户关系处理不当：销售管理者需要关注客户关系的维护，确保客户满意度，以保持良好的业务合作关系。

针对这些问题，销售管理者需要不断学习和提升自己的管理能力，以便更好地应对市场挑战，实现销售目标。

本书共分为七招，涵盖了销售管理的关键主题。

第一招，我们将介绍打造高绩效销售管理要有目标和执行力，帮助您了解如何更好地聚焦目标并提升团队执行力。

第二招，我们将讨论清晰高绩效销售管理要做的两件事，包括管理的发展和管事与理人。

第三招，我们将探讨如何管理好销售数据和流程，包括关键销售指标、五大销售流程、选择和衡量指标等内容。

第四招，我们将介绍如何用好销售管理工具，以便在不同管理情境下实现更好的销售效果。

第五招，我们将教会您如何与他人建立关系，包括创建信任关系的四个维度和面对冲突的思维四步骤等内容。

第六招，我们将关注提升高绩效销售管理者的沟通力，包括有效倾听、强有力提问、有效反馈和提升潜能三步骤。

第七招，我们将讨论如何提升团队凝聚力，包括布鲁斯·塔克曼的团队发展四阶段模型和克服团队协作的五项障碍。

在编写本书的过程中，我们力求内容简洁明了，以便读者能够轻松地理解和应用所介绍的概念和方法。我们希望本书能够成为您在销售管理领域的得力助手，帮助您实现团队的卓越业绩和公司的发展目标。

在此，我们期待您在销售管理领域中取得更大的成功！

Contents | 目录

第一招　打造高绩效销售管理要有目标和执行力

一、放弃或坚持　// 002

二、让目标更容易实现　// 004

　　（一）提升执行力四原则　// 004

　　（二）如何提升团队执行力　// 012

第二招　清晰高绩效销售管理要做好的两件事

一、管理的发展　// 038

　　（一）管理发展的三阶段：管理—领导—教练　// 038

　　（二）教练的起源　// 039

　　（三）人的心理特征　// 041

　　（四）人的思维特征　// 045

　　（五）传统管理者与销售教练的区别　// 048

　　（六）销售教练的四大角色　// 051

二、管事与理人　// 052

　　（一）管好哪些事　// 053

　　（二）如何理好人　// 053

第三招　管理好销售数据和流程

一、关键销售指标　// 086

（一）结果指标　// 087

（二）管控指标　// 091

（三）行动指标　// 102

二、五大销售流程　// 104

（一）客户拜访　// 106

（二）大客户管理　// 106

（三）客户维护　// 107

（四）客户精力分配　// 110

（五）销售支持　// 111

三、选择和衡量指标　// 113

第四招　用好销售管理工具

一、面对有难度的管理情境　// 120

（一）远程管理　// 120

（二）销售会议　// 122

二、销售管理常用工具　// 125

（一）销售漏斗　// 125

（二）增加流量的机会类型矩阵　// 130

（三）销售流程与销售里程碑模型　// 131

（四）销售行动指标相关的日常表单　// 132

第五招　学会建立关系

一、创建信任关系的四个维度　// 139

（一）相似性　// 139

（二）熟悉性　// 140

　　　　（三）合作性　// 140

　　　　（四）关联性　// 140

　　　　（五）称赞　// 141

　二、面对冲突的思维四步骤　// 141

　三、内省三步骤　// 143

　　　　（一）通过改变想法来影响结果　// 143

　　　　（二）通过改变感受来影响结果　// 144

　　　　（三）通过改变行为来影响结果　// 145

第六招　提升高绩效销售管理者的沟通力

　一、有效倾听——第三层次的倾听　// 148

　　　工具一：深度倾听　// 149

　　　工具二：3F倾听　// 155

　二、强有力提问　// 162

　　　　（一）三类强有力提问　// 163

　　　　（二）强有力提问练习　// 169

　三、有效反馈　// 170

　　　工具一：BIOS有效反馈模型　// 172

　　　工具二：一分钟管理　// 175

　　　工具三：赋能反馈四步骤GROW　// 185

　四、提升潜能三步骤　// 197

　　　　（一）信念　// 198

　　　　（二）目标　// 200

　　　　（三）方法　// 201

第七招　提升团队凝聚力

　一、布鲁斯·塔克曼的团队发展四阶段模型　// 204

　　　　（一）组建期　// 204

3

（二）激荡期 // 207

（三）规范期 // 209

（四）执行期 // 210

二、克服团队协作的五项障碍 // 212

（一）"建立信任"的关键点 // 214

（二）"掌控冲突"的关键点 // 216

（三）"明确承诺"的关键点 // 220

（四）"共担责任"的关键点 // 226

（五）"关注结果"的关键点 // 227

第一招

打造高绩效销售管理要有目标和执行力

很久以前，有一位睿智的船长带着自己的三个儿子出海捕鱼。在船只准备启航前，船长向他们提出了一个问题："你们看到了什么？"老大回答道："我看到了无边无际的海洋、我们的船只，还有在天空中盘旋的海鸥。"船长摇了摇头。老二回答道："我看到了爸爸、大哥、弟弟、船只、海洋，还有海鸥。"船长又摇了摇头。老三回答道："我只看到了鱼。"这时，船长高兴地说道："你答对了。"

这个故事告诉我们，明确的目标对于行动的重要性。在实现自己的心中所想之前，我们需要确定一个切实可行的目标，并为之努力。同时，我们也要注意避免目标过多的情况。有了明确的目标，才会为行动指出正确的方向，才会在实现目标的道路上少走弯路。

一 放弃或坚持

人的自信来源于通过努力，一次又一次实现自己的目标。

今年，我的孩子获得了市级创新比赛的一等奖，实现了他的短期目标。他为什么要实现这个目标呢？因为这和他的中期目标（考上某名牌大学）相关，并且"以终为始"，以目标倒推过程，通过这个目标的实现帮助他提升了自信，向着自己的中期目标继续迈进。我来描述一下整个目标制订和实现的过程，这和我们要实现目标的过程是一样的。

去年中考结束，我们就将中期目标确定在"考上某名牌大学"。如何才能考上这所大学呢？有两种途径。途径一是通过综评；途径二是通过裸考。裸考分数大概高于综评10~20分。其中，综评是高考分数+面试分50分。如何能拿到面试的高分？参加竞赛、有知名度的创新比赛、学校中的重要考试成绩排名、担任的学校和社会工作等都可以作为重要的考核指标。接下来，这个中期目标就可以分解为各个短期目标了：一是参加学校竞赛班，争取拿到好名次；二是了解并参加创新比赛；三是重视学校的每次重要考试，学习成绩肯定是高中生阶段最重要的任务；四是力所能及地担任学校的一些学生工作。目标拆解的好处是自高一入校，孩子就在这四个维度努力。四个短期目标中的前两个难度相对更大，特别是第一个。通过比较分析，我们聚焦在更容易实现的目标上，即第二个目标争取创新比赛获得好名次。接下来，我们再来研究如何能在创新比赛上取得好名次。我们分析出几个要点：

- 确定一个好的研究方向（主题）；
- 研究创新大赛的评审规则并满足条件；
- 每周至少付出半天至一天的时间专注于此；
- 找一家专业的辅导机构（可以少走弯路）。

接下来，我们只需要按照以上四点去行动，大概率就能获得我们想要的结果，其他维度也是同理。事实证明，这种拆解方式非常有效。

在实现目标的路上，只有两条路：一是一开始经过判断达成不了就放弃旧目标，重新制订新目标再出发；二是确定了新目标的正确性，坚持下去直至达成目标。很多时候，沉没成本可能会让我们舍不得放弃，最终失去更多机会，所以正确设定目标和拆解目标非常重要，万一真的不小心付出了沉没成本也要懂得及时止损。

在我们日常生活中有很多轻量级的沉没成本。比如，我们去某网红店用餐，结果门口有很多人在排队，你想着好不容易来了还是拿个号吧，结果排了近一小时还没轮到你，询问服务员却被告知还要再等45分钟，你会放弃吗？如果你得知一共要排将近两小时，你一开始还会排队吗？所以，面对付出的少量资源的沉没成本要学会及时止损，因为生活中还有一些中量级和重量级沉没成本会让我们更不舍得放弃。假设你根据年度目标向公司提出扩编和更改绩效考核的方案，结果当队伍扩大了50%时市场发生了变化，这时你有勇气马上缩编队伍吗？公司承诺你工作满10年帮你调户口，就在你工作的第6年有一个更好的发展机会，你会选择放弃吗？所以，面对目标这件事，我们要考虑好沉没成本，及时止损。

那么，什么样的目标才是好目标呢？

满足"SMART原则"的目标就是好目标（有关"SMART原则"的描述详见《7招打造超级销售力》一书）。

二、让目标更容易实现

除了制订一个符合"SMART原则"的目标外，另一个让目标更容易实现的法宝就是提升执行力。

（一）提升执行力四原则

案例一：2020年，某公司公关部部长张志志正面临有史以来来自员工的最大挑战。五年来，该公司已经更换了六任部长。因为部门负责的公关事故频发，严重的甚至引发过伤亡事件。为了减少差错，公关部的所有人都战战兢兢，而这也导致工作效率更为低下和更多的工作积压。如果不能改变现状，张志志估计得卷铺盖走人。结果，在不到一年半的时间里，她带领团队将公司的负面新闻率降低了80%。

案例二：美国某家酒店想要提升客户满意度，于是他们投资2000万美元对客房、餐厅和大厅进行精装修，但客人们的评价却未达到期望值。一年之后，总经理和他的团队骄傲地迎来了酒店成立50周年来创纪录的客户满意度好评率。

以上看似毫无关联的两件事却面临着相同的挑战，因为任何目标的实现都需要极大地改变人的行为习惯，不仅包括管理者本人，还包括整个团队成员。目标实现的路径分为两大类：一类是"指令式"，另一类是"行为改变式"（如图1-1所示）。靠指令式实现目标的事情并不多，65%以上的目标需要改变行为习惯，这也是销售管理者们在考虑制订目标时最容易忽略的地方。

指令式	行为改变式
战略收购	加快反馈速度
企业兼并	提高服务品质
广告投放	持续运作
改良产品	减少费用支出
增加投资	改进用户体验
改革工艺	改进销售方法

图1-1 指令式和行为改变式的不同事例

指令式目标很容易下，因为你只需要安排指挥下属去做事情，只需要看结果，简单来说，只要有足够的资金和权力，你就可以这么做。但是，指令式目标很难执行，因为没有具体的行为指标。而改变行为习惯的目标，你不可能只通过命令就能完成这些工作，因为它包含了具体的行为，你需要管控过程，同时需要很多人参与进来做不同的事情。要知道，改变一个人的习惯已经很难了，更何况还要改变很多人的习惯。

执行力的真正敌人是日常事务。

对于销售管理者来说，既要管理销售的日常事务（过程），也要管理销售和团队重要目标的达成（结果）（如图1-2所示）。但是，这两类事务会不停地争夺你的时间、资源和精力。回顾一下，你是否有过在确定了重要目标后，轰轰烈烈地开始，却悄无声息地结束？有研究发现，大部分人没有实现自己重要目标的原因，是他们已然深陷在日常事务的紧急事件之中。

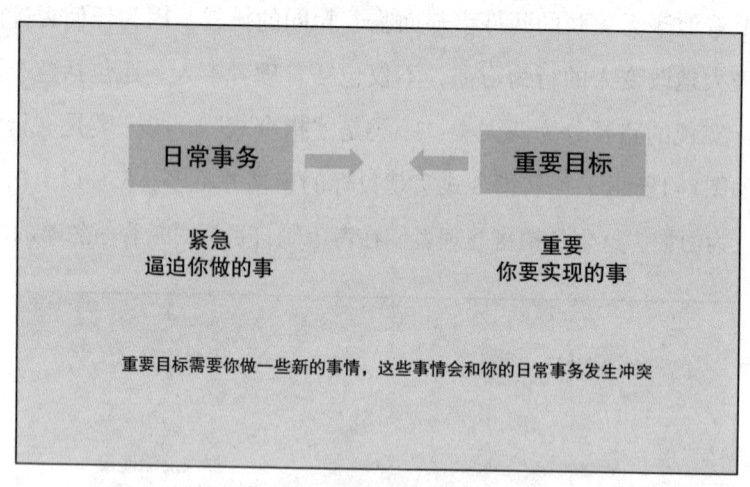

图1-2 日常事务与重要目标

提升被日常事务所困扰的执行力问题，主要关注两个方面：一是提升专注力，就是我们要尽量减少被日常事务所干扰，时刻把专注力放到影响重要目标实现的事务上；二是摆脱"习惯"思维，如果我们按之前的行为一直做下去，要想实现新的目标几乎是不可能的。

在我担任销售总监的时候，我曾布置了一个新一年度的重要销售任务，台下的销售经理们却一脸茫然。事后，有一个经理告诉我："开完这个会，我要马上陪我的销售人员拜访一个重要客户，然后赶回来给销售人员们开年度销售指标会议，接着还有一个销售方案需要审核……我每天都在加班，如果公司再加新任务，我哪有时间完成啊？"我完全理解他所说的现状，因为我也时常会陷入这样的怪圈中。下属很难全身心地投入我所说的新目标，他们只想继续做自己之前的日常工作。对于销售管理者的挑战是，先要学会如何在日常事务的干扰下去执行最重要的计划，然后教会下属。接下来，我们先来学习一下如何提升我们的执行力。

提升执行力需要满足四个原则。

1. 聚焦NO.1的目标

一个人想要做得越多，最终能完成的其实越少。

我们每天可能都会冒出新的任务和目标，如果我们不懂得放弃，那么就像"分散的热量不能够燃烧任何东西"一样，完不成任何目标。但是，与"用放大镜聚焦，几秒钟内就可以把纸片点燃"的道理一样，当我们把精力集中起来应对一个挑战时，就会容易很多。

聚焦要做的就是改变你的传统领导风格，使你的团队聚焦在尽量少的目标上，最多不超过两个非常重要的目标（如图1-3所示）。高绩效销售管理者要告诉下属，如果不能完成这两个重要的目标，即使完成其他再多的次要工作也是无效的。

日常事务之外的目标数量	2~3	4~10	11~20
能够出色达成的目标数量	2~3	1~2	0

图1-3　聚集目标

2. 关注行动指标

有了一个好的开端，我们需要关注第二条原则，这条原则具有杠杆作用。

正如在所有目标中要找到最重要的目标一样，不是所有的行为都是平等的，有些行为比其他的更能帮助你达成目标。我们将衡量行为的指标称为结果指标与行动指标。

结果指标，是指为了达成重要目标而进行的跟踪性指标，比如市场份额、销售收入、客户满意度、利润率等。当我们能看到这些指标的时候，意味着导致这些结果的行为早已发生过，这些只能是当下不可改变的结果了。

行动指标，是指可以衡量你的团队必须做的、对达成预定目标有着最重要作用行为的指标。行动指标是可以导致指标成功的行为，可能是小到在店门口发放免费赠品，大到像通用集团砍掉了25%的下属企业、将350个经营单位裁减合并成13个主要的业务部门。一个好的行动指标有两个特点：一是它具有预见性；二是团队成员可以影响这些指标。以减肥为例，结果指标就是减了多少斤。行动指标可能是每天摄入的热量不超过多少，每天运动时间多长。这些行动指标之所以成为预兆，是因为只要这么去做了，基本上就可以预测下周的体重会是多少（结果指标）。很多销售管理者仅盯着结果指标看，却没有意识到只有在行动指标上下功夫，才能更快更准地达成目标。

3. 坚持可见记分表

如果你喜欢打保龄球，但每次不让你看到击倒了几个球，你还有多大动力继续打呢？

如果你喜欢打篮球，在没有记分牌和有记分牌的情况下，哪个更能激发你打好球？

一旦开始记分，状态就会大不相同。当人们主动为自己记分的时候，他们的表现就会更不一样。从本质上说，知道自己分数的人，或者说知道自己是输是赢的人，才会更有激情投入其中，才能发挥出自己的最佳状态。下一步，你需要一个简单、公开且具有竞争性的量化记分表。

上学期期末考试，我儿子英语没考好，总结原因之一是词汇量储备不够。在寒假的时候，为了鼓励儿子背单词，我帮他制作了一张背单词记分表（如表1-1所示），并让他将这张记分表张贴在家里显眼的地方，按日期每天打钩。在有这张表之前，我每天都会询问他背单词的进度，但经常听到的是不同的借口，总之就是没时间。自从有了这张表之后，神奇的事情发生了，表上从有第一个钩开始到最后，中间就没有出现未打钩的情况,而且每次背诵时间都在10分钟左右。这就是"简单、公开、量化记分表"的魔力。

表1-1 寒假背单词记分表

周一		周二		周三		周四		周五		周六		周日	
				12.28		12.29		12.30分钟		12.31		1.1	
5分钟内	5~10分钟	5分钟内	5~10分钟	5分钟内	5~10分钟	5分钟内	5~10分钟	5分钟内	5~10分钟	5分钟内	5~10分钟	5分钟内	5~10分钟
	✓		✓		✓		✓		✓		✓		✓
1.2		1.3		1.4		1.5		1.6		1.7		1.8	
5分钟内	5~10分钟	5分钟内	5~10分钟	5分钟内	5~10分钟	5分钟内	5~10分钟	5分钟内	5~10分钟	5分钟内	5~10分钟	5分钟内	5~10分钟
	✓		✓		✓		✓		✓		✓		✓
1.9		1.10		1.11		1.12		1.13		1.14		1.15	
5分钟内	5~10分钟	5分钟内	5~10分钟	5分钟内	5~10分钟	5分钟内	5~10分钟	5分钟内	5~10分钟	5分钟内	5~10分钟	5分钟内	5~10分钟
	✓		✓		✓		✓		✓		✓		✓
1.16		1.17		1.18		1.19		1.20		1.21		1.22	
5分钟内	5~10分钟	5分钟内	5~10分钟	5分钟内	5~10分钟	5分钟内	5~10分钟	5分钟内	5~10分钟	5分钟内	5~10分钟	5分钟内	5~10分钟
	✓		✓		✓		✓		✓		✓		✓
1.23		1.24		1.25		1.26		1.27		1.28		1.29	
5分钟内	5~10分钟	5分钟内	5~10分钟	5分钟内	5~10分钟	5分钟内	5~10分钟	5分钟内	5~10分钟	5分钟内	5~10分钟	5分钟内	5~10分钟
	✓		✓		✓		✓		✓		✓		✓

4. 建立规律复盘制

这是一条责任理论:除非令每个人都坚持负起责任,否则我们的目标就会在日常事务中消失不见。

有规律的复盘制度,是指拥有重要目标的团队定期或不定期地召开例会,对之前的工作计划的完成情况进行汇报或问责。最佳的做法是约定让下属在固定时间向你主动汇报进展,如下属未在约定时间汇报,也需要销售管理者主动询问进展。这种会议每周至少一次,每次时间不要超过半小时,每个团队成员都得以被提醒在日常事务之外的工作责任。

为什么建立规律复盘制这么重要呢?

我的一个朋友想让儿子从小养成热爱劳动的习惯,于是约定儿子每周拖地三次，每两天收拾家里所有的垃圾并丢到楼下的垃圾桶里。一旦完成任务，儿子当周就可以获得50元的劳务报酬。开始的两周，朋友每天会和儿子确认。直到他到外地出差两周回来后，情况发生了变化。他发现家里不如以往干净，就询问儿子在过去两周是否按约定执行了。儿子一脸无辜地问道："哦，我们还在坚持那个约定吗？"这个复盘制的崩塌仅用了两周时间，原因就是没有"规律地汇报或问责"。

这条原则之所以有效，其奥妙就在于规律，每个团队成员必须能够规律性地确认彼此的责任。每周，整个团队成员都要逐一回答几个相同的问题，每个人只需要花几分钟时间即可。

- 上周我是否达到了预期的目标？
- 行动指标执行得如何？
- 记分榜上结果指标变化如何？
- 下周除了日常事务之外，我还需要做哪些对记分榜有重大影响的最重要事务？

这条原则有三个方面的好处。

一是内外部的挑战或机遇在不断地发生着变化，规律复盘制可以让我们及时调整目标，随着业务环境的变化制订新的执行计划，这样就可以让团队成员避免受到不断变化的日常事务的影响，牢牢抓住最重要的目标直至实现。

二是相较于发指令，人们对于自己制订的目标会更加投入，下属的自主权就会增加。所以，销售管理者只需要把关目标方向，工作计划由下属自己制订即可。我们只需要每周复盘计划与实际之间的差距，并协助其找到原因和解决方案，完善下一次的计划执行。在这样的前提下，团队成员会更倾向于发自内心地为团队考虑，而不仅仅是完成任务。

三是当下属们通过努力，看到一个个重要目标的结果指标实现时，他们知道自己成功了。

某世界500强企业将最重要的目标设定为一个结果指标：95%以上的客户

满意度。他们的口号是"我们的方案将助力客户方案的独特性"。而且，他们做得非常出色。他们选择利用行动指标来达成这一目标，以达成最终客户的满意度。那么，具体他们做了什么与众不同的事情呢？

这家企业的每一名员工都有自己需要扮演的角色。

销售人员：学会如何充分理解客户的需求，并转达给技术部门。

技术部门：将自己的产品方案融入客户的方案中，甚至帮助客户完成方案，协助提升客户的成交率。

售后部门：及时处理和反馈出现的问题，提升客户的满意度。

销售助理：将客户通用和个性化的需求记录下来，分析并找到共性，便于让技术部门给予可复制的解决方案或创新性的解决思路，形成自己的独特性优势，并反馈给销售部门，优化价值，提升客户的满意度。

这些相关部门的成员必须关注以下几个问题才能做到这些：

一是提升客户的依赖度是最重要的目标；

二是销售流程及相关人员配合对于达成目标至关重要；

三是要不断跟进细节；

四是要对每一个客户负责。

其实，换一种表达方式，我们可以这样说：

- 他们要知道最重要的目标；
- 他们知道实现这个目标的具体过程行为；
- 他们随时知道自己的工作情况；
- 他们有规律地进行复盘反馈。

以上，正是高效执行四原则的完美体现，影响执行力的核心因素也来自这四个原则：专注、行动、激情和责任。

（二）如何提升团队执行力

当你将提升执行力的四原则运用到团队工作中时，你将收获一个拥有持久出色表现的团队。

运用原则一：聚焦NO.1的目标

那些能聚焦于1~2个最重要目标的团队往往是表现最好的团队。聚焦NO.1的目标，是高效执行四原则中最基础的原则。

很多团队同时拥有多个目标，所有目标都有着最高优先级，但这也意味着任何一个目标都没有最高优先级。当你在为很多目标奋斗时，因为你的精力和能力都是有限的，平摊到每个目标上，对哪个目标可能都不起作用。因此，选择正确的最重要的目标是非常重要的。但是，有很多管理者对选定哪个目标为最重要的目标犹豫不决，因为他们怕选错了，又担心完成不了。一旦你聚焦了，赌注虽然很大，奖金也是丰厚的，你的团队的表现将非比寻常。那么，我们应该如何正确选出1~2个最重要的目标呢？选出最重要的目标，我们可分三步走。

第一步，收集尽量多的想法

根据你的团队在组织中的位置，需要头脑风暴的主题也将不同，具体如表1-2所示：

表1-2 开展头脑风暴讨论的问题

情景	头脑风暴主题
团队所在的组织有多个目标	搜集哪些是组织最重要的目标
组织已经指派了最重要的目标	搜集怎样才能更好地达成最重要目标（直接进入运用原则二的步骤）

第一招　打造高绩效销售管理要有目标和执行力

①收集想法的渠道来源

- 当聚焦在相同的组织目标时，你可以和同级别的负责人展开头脑风暴，明确组织目标中最重要的1~2个。
- 和你的团队成员展开头脑风暴，搜集怎样才能更好地达成最重要目标。如果他们可以参与制订团队内部最重要的目标的过程中，他们不仅可以在工作中把握得更好，而且会有更强的责任感。

②最重要目标的来源

- "自上而下式"：如果你不听取任何下属的意见，独自制订最重要目标，可能会面临无法调动团队积极性的问题。如果你仅凭权力对团队成员进行问责的话，是很难让整个团队成员拥有高效的工作表现的，还可能会让成员丧失坚持不懈、创新的优良品质。
- "自下而上式"：完全来自团队成员制订的最重要目标，可能会与整个组织的最重要目标关系不紧密。站在下属的角度来看，他们的最重要目标可能与个人绩效考核中收益最大的部分有关，除非绩效考核牢牢与组织的最重要目标紧密结合，否则你的方向可能会出现偏差，你可能随时面临要调整方向的尴尬。
- "自上而下+自下而上结合式"：销售管理者与团队成员共同加入制订最重要目标的过程中来是最好的选择。销售管理者把握大方向，并最终对目标负责；团队成员的参与，可让他们全身心投入，增加他们的参与感与责任感。

③制订最重要目标的注意点

- 团队最重要目标一定是为实现组织最重要目标的，这个前提很重要。
- 在制订最重要目标时需要思考的几个问题：

*为实现组织目标，假设其他条件不变的情况下，我们团队提升哪些方面的表现可以产生最大的影响力而推进组织目标的实现呢？

*为实现组织目标，我们团队在哪些好的方面可以做得更好，产生杠杆效应呢？

*为实现组织目标，我们团队在哪些最薄弱的方面可以做出改进呢？

- 去收集尽量多的想法，而非判断想法的好坏。
- 不要去思考"如何实现"，只需要思考"什么是最重要的目标"，否则我们容易被"如何实现"吓倒而止步不前。

某酒店制订了年度最重要目标为提升20%的收益，其中的活动管理部门头脑风暴后形成了一个目标清单（如表1-3所示）。由于提升收益可以从增加收入和减少开支两个方面入手，所以产生的点子也是涵盖了这两个方面，最终从这两个方面的若干点子中选出最重要的1~2个目标。

表1-3　某酒店活动管理部门"最重要目标"的头脑风暴清单

增加收入	减少开支
增加高级餐厅活动	减少餐饮浪费
增加每次活动中的食品和饮料销售	减少突发事件和外出服务的开支
增加"一条龙服务"活动	减少活动延时开支
增加团队活动和年会场次	减少客房一次性用品开支

第二步，验证并选择重要目标

确定候选目标后，我们要从如下四个维度来进行测试，从而选出最重要目标。

一是这个目标与组织的整体目标是否一致？

在前文某酒店活动管理部门的案例中，部门张经理确定团队目标为"增加收入"。在增加收入的若干目标中，如何选择最重要的团队目标呢？有一个前提是我们的最重要团队目标一定是为组织的最重要目标服务的，所以，虽然"增加每次活动中的食品和饮料销售"对本团队收入增加贡献最大，但对提升整个酒店整体效益来说，排在最前面的是"增加'一条龙服务'活动"和"增加团队活动和年会场次"，因为这两项目标不仅能提高单个部门的收益，还可以带来客房、餐厅甚至卡拉OK等服务效益的提升。

在进行排序的时候，要避免选择虽对提升本团队表现最佳，但对实现组织整体目标意义不大的目标。最终，张经理团队选择了"增加'一条龙服务'活动"和"增加团队活动和年会场次"这两项目标作为团队的最重要目标。

为什么站在公司角度思考团队目标这么重要呢？

某大型制药公司正在讨论如何在将新产品推向市场的第一年实现销量翻番。因为对制药行业来说，时间就是金钱。

销售部门的李经理目前的难题就是要快速确定团队最重要的目标。

他的团队想出了四个候选目标：

目标1：新产品入市第一年，增加渠道商的开发；

目标2：新产品入市第一年，招募更多的销售人员；

目标3：新产品入市第一年，将销量好的产品和新品捆绑销售；

目标4：新产品入市第一年，增加培训，快速提升销售人员的能力。

一些团队成员就目标1展开了激烈的讨论。一些人认为他们部门确实需要更多的渠道商，以便实现快速铺货；一些人则认为目前销售人员的工作量饱和，老客户维护占用过多时间，无法抽身开发新客户，所以目标2值得考虑；还有一些人认为目标4也很重要，因为当销售人员对新产品的卖点和价值有足够的了解时，就能提升他们的专业度，从而提高销量。

但是，当大家以公司的整体目标来衡量这些候选目标时，就发现了一些之前没留意到的问题。因为渠道销售有很多限制，未来公司的销售方式将变渠道为直营，目前也正在做一些布局；总部给到中国市场的人员预算并没有增加，反而在缩减；总体人员培养费用也在减少。综上所述，目标3就变成了团队最可行的重要目标。

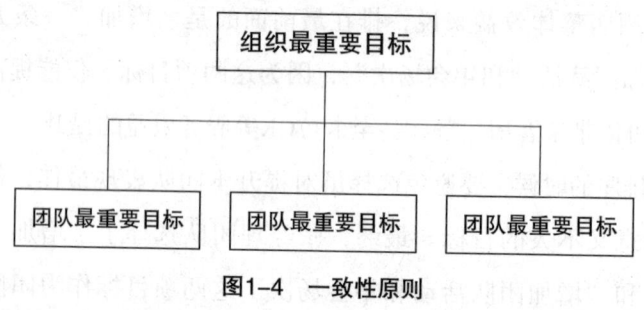

图1-4 一致性原则

二是这个目标是否可衡量？

如果最重要目标衡量难度非常大，最好的选择就是换一个目标，在不可衡量的目标上投入时间精力，其实是一种浪费。

> **练习** 尝试将如下目标变为可衡量目标：
> - 如何使下属积极努力工作？
> - 如何成为公司最优秀的销售团队？
> - 如何提升销售业绩？
> - 如何培训优秀的销售人员？

三是团队成员对这个目标是否可控？

至少对目标的达成有80%以上的可控权，这是为了减少在实现目标的过程中对其他团队的依赖。如果低于80%，可能导致团队不愿意对该目标承担责任，最终导致这个最重要目标不了了之。

四是过程的执行是否以下属为主？

实现目标的比赛，究竟是管理者的比赛，还是团队成员的比赛？如果一个重要目标过于依赖销售管理者本人，那么下属们将失去对这个目标的兴趣。一个团队的最重要目标必须是整个团队共同努力才能达成的，而且销售管理者不是执行者，是指南针、镜子、引导者和催化剂。

第三步，确定最好的重要目标

确定好最重要目标，要尽可能明确。

> 量化的方法：
> - 动宾结构；
> - 以"以什么时间，把某指标从A提升到B"的形式定义结果指标；
> - 聚焦于"做什么"，而非"怎么做"。

当我们遵循如上三个量化方法时，目标也会变得简洁明了。

①动宾结构

动宾结构的好处是可以迅速将注意力聚焦在具体行为上，可使描述变得更为简洁，如表1-4所示：

表1-4 好的描述与不好的描述的区别

Yes	No
提升利润…… 削减开支…… 推出三款新品…… 提升客户数量…… 提升客单价……	为了实现企业战略目标，提升投资者信心，保证企业稳定持续发展，体现企业品牌价值，我们今年最重要的目标是落实……

②定义结果指标

练习：用一句话清晰描述最重要目标，如表1-5所示：

表1-5 用一句话清晰描述最重要目标

现状	期望	截止时间	一句话描述
投资年回报率10%	投资年回报率25%	2年内	举例：两年内，将投资年回报率从10%提升至25%
客户满意度88%	客户满意度95%	1年内	
合作客户数量203家	合作客户数量600家	当年内	

③聚焦于"做什么"，而非"怎么做"

有关怎么做的问题会在原则二中进行讨论，所以这里仅需聚焦于"做什么"，如表1-6所示：

表1-6 聚焦于"做什么"而非"怎么做"

Yes	No
当年内，客户数量从203家增长至600家	通过客户体验感和满意度，在本年度内将客户数量由203家增长至600家

④确保目标的可行性

这里的可行性，是指团队的最重要目标和结果目标。

在前文中某酒店活动管理部门的案例，张经理最终选择了"增加团队活动和年会场次"作为他们的最重要目标，因为它可以最大限度地实现组织的最重要目标，给酒店带来更多利润。在确定结果目标时，他研究对比了同行业和自己酒店的历史数据，最终确定了清晰、可行且具有一定挑战性的最重要目标。

综合练习 请尝试确定本团队的最重要目标。

1. 利用头脑风暴得出候选目标。
2. 为每个候选目标制订结果指标，如表1-7所示：

表1-7 为每个候选目标制订结果指标

序号	候选目标	现状（A）	期望（B）	截止时间	一句话描述
1					
2					
3					

3. 按表1-8标准对每个候选目标打分，选出最高分项，即最重要目标。

表1-8 每个候选目标打分

序号	评分项	打分标准（1~5分）	分数
1	你是否收集了足够多的自下而上和自上而下的情况？	□1 □2 □3 □4 □5	
2	是否对组织的最重要目标有可预见的影响力？	□1 □2 □3 □4 □5	
3	团队对最重要目标的可控性（是否达到80%以上）？	□1 □2 □3 □4 □5	
4	最重要目标需要团队的共同努力，还是仅仅是领导的事？	□1 □2 □3 □4 □5	
5	结果目标是否写成了"到什么时间，把某指标从A提升到B"？	□1 □2 □3 □4 □5	
6	最重要目标是否是动宾结构，并有明确的结果指标？	□1 □2 □3 □4 □5	
	总分		

4. 写下你确定的最重要目标。

运用原则二：关注行动指标

在找到最重要目标之后，我们就要找出对它影响最大的行动指标，它们是对达成最重要目标拥有最强大杠杆作用的行为。结果指标只能告诉你是否达成了目标，而行动指标可以告诉你是否能达成目标。

制订行动指标是高效执行中最难的一个环节，原因有三。

原因一：行动指标与结果指标有区别，也有联系，要学会辨别和制订。比如，二级或三级结果指标其实是行动指标中的阶段性成果，因为只有把一个大目标拆解成小目标，才能一步步实现它，这个小目标就是实现大目标的过程。

原因二：行动指标需要跟踪人们的行为习惯的改变，显然比跟踪结果更难。而且，大多数情况下没有一模一样的情况可以照搬，需要我们自己分析并创造一套新的可循环的运作系统。

原因三：这个行为可能会让人觉得太过简单，从而对结果能否达成产生怀疑，但它确实需要我们把精力聚焦在某个特定的行为上。

某广场当年度最重要目标是增加收益，其下某部门是负责广场维护的，当年度的最重要目标是减少维护保养费用的支出，往年最大的支出就是外墙的维护费用，如果不能找出往年外墙破损的原因，当年的外墙维护费用仍将是一大笔花销。专家原以为外墙的破损是由于酸雨的原因造成的，后经分析发现，因为某飞虫的繁殖，导致了蜘蛛、燕子和鸟粪的增多，从而增加了墙壁的清洗次数，而洗涤剂是腐蚀外墙的真正元凶。现在，你知道行动指标应该是什么了吗？该部门仅做了一个行为的改变，最终省下了这笔费用，即每天白天拉上窗帘，晚上再打开窗帘通风，依次循环。

行动指标必须同时具有可控性、预见性、持续性、可衡量（且值得衡量：价值大于投入）、团队参与性（非领导单干）。行动指标分为两类：一类是将结果指标拆解成阶段性成果指标（即二级或三级结果指标），另一类是具有杠杆作用的"重要行为"指标。

如果结果指标是年底前要达成什么，那么二级结果指标（即行动指标中的"阶段性成果"指标）可以是季度结果指标，三级结果指标可以是月度结果指标。比如：年度销售业绩指标是1000万元，拆解到四个季度的阶段性成果指标可以分别是200万元、300万元、400万元、100万元，当然还可以继续拆解到月度指标。

重要行为指标是指那些可被跟踪的具体行为的指标，这些指标最好是由团队成员共创而来，同时也是你希望大家做到的。这样的指标要具备清晰、可衡量的特点，需要团队成员坚持以同样的标准采用新的行为习惯，并可对其表现进行衡量，需要团队成员对自己的行为负责，而不是最终产生的结果。这两种行动指标都是原则二的有效体现方式，结合使用，可以为带动结果产出提供强大动力。

如图1-5所示，这是来自某家公司的销售实践。在众多行为指标中，很难聚焦这么多新的行为习惯，而且如果没有"每周每人拨打陌生电话数量800个以上"的行为习惯，就不会出现"行为指标2"和"行为指标3"，因此，"行为指标1"被定义为"重要行为指标"，因为它具有简单、杠杆作用的特点。

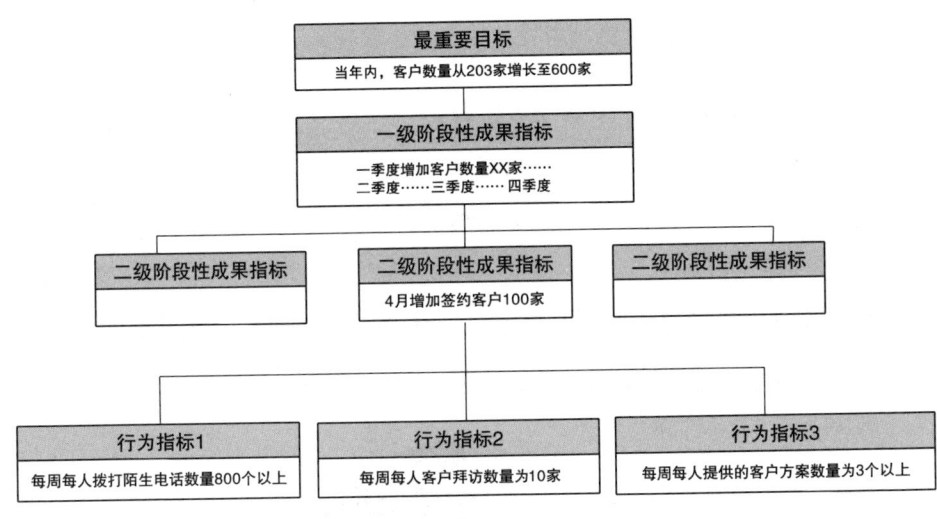

图1-5　最重要目标与行动指标的关系图

如何选出具有最大杠杆效用的行动指标呢？我们可以从三个步骤进行。

第一步，头脑风暴尽量多的指标

组织团队成员开展一场头脑风暴，本阶段只要求想出尽量多的行动指标，避免太早下结论，也不要随意评判别人的指标。选项越多，后面制定指标的质量才会越高。

一场高效的头脑风暴需要掌握的技巧：

● 说明目前问题的重点。

● 确定游戏规则：

　＊每次进行一场对话；

　＊重点放在问题上；

　＊鼓励不寻常的想法，越不寻常越好；

　＊注重数量而不是质量；

　＊不要过早做出判断；

　＊相互借鉴。

● 为想法编号——方便今后索引。

● 鼓励组员打破陈规，发散思维。

● 确保每个组员都有机会贡献想法。

在生成想法的过程中提供一种工具，从该工具的三个维度去思考，有助于寻找行动指标，这个工具被称为"KIS原则"，如图1-6所示：

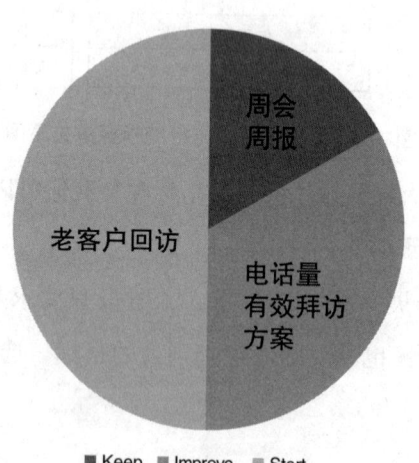

图1-6　"KIS原则"图示

K指Keep，即保持，继续做已经在做的行为。我们应该继续坚持做好哪些事情。

I指Improve，发挥优势，即哪些行为我们已经在做，但可以做得更好？比如：对最重要目标有杠杆作用的行为有哪些？我们有哪些局部优势？我们和最好还有哪些差距？

S指Start，提升劣势，即指我们之前从没做过，但未来需要开始做的事情有哪些？

第二步，按标准选出三个最佳指标

接下来，我们需要在产生的众多备选指标中选出对团队最重要目标影响力最大的行动指标。因为我们的精力有限，所以我们必须聚焦在最重要的行动指标上，一个团队必须在一个行动指标上付出大量的努力，才能推动结果指标的前进。

某销售团队已经将精力聚焦在三个对达成团队最重要目标最有影响力的候选指标上了。

第一，增加新客户的电话量。

只有增加电话量，才有可能提升拜访量，才能有效提升成交的可能性。

第二，开始对老客户进行回访调研。

过去对老客户回访从未做出过明确要求，调研发现老客户有较大的增长潜力，而且相对于开发新客户来说，能大大缩短周期。

第三，提升高质量方案提供量。

销售一旦进入方案阶段，就意味着接近成交，所以这是衡量有效推进到即将成交的重要标志，这一步做得越好，成交的可能性就越大。

按以下六个标准（如表1-9所示）进行打分，并选出三个最佳指标。

表1-9 如何测试候选行动指标

序号	评分项	权重	打分标准（1~5分）	分数
1	这个指标是否对最重要指标具有预见性	5	□1 □2 □3 □4 □5	
2	可控性	3	□1 □2 □3 □4 □5	
3	长期性	2	□1 □2 □3 □4 □5	
4	是否需要团队成员共同参与	2	□1 □2 □3 □4 □5	
5	可衡量	1	□1 □2 □3 □4 □5	
6	值得衡量（投入产出比）	1	□1 □2 □3 □4 □5	
总分				

①这个指标是否对最重要指标具有预见性

这一项权重为5分，可见其重要性，如果这一项的得分很低，就果断放弃吧。

②可控性

团队成员对候选指标的影响力需要大于80%，如果过多依赖其他团队，是无法有效推动结果向前的。

③长期性

好的行动指标是具有长期性的，是可以改变人们的行为习惯、持续带来结果改进的。

④是否需要团队成员共同参与

如果仅仅是团队领导或团队中某一个或部分成员的行为可以驱动这项指标，其他团队成员很快就会对这个指标失去兴趣。所以，诸如"领导组织例会""组长监督检查""HRBP组织培训"等都不是好的指标，只有行动指标属于整个团队时，它才能把每一个人和团队最重要目标紧密联系起来。

⑤可衡量

行动指标的数据追踪确实有一定的难度，但我们仍要尽量做到准确、及时地收集相关数据，从而让指标变得可衡量。

⑥值得衡量（投入产出比）

如果某项指标的投入超过了收益或者有严重的不确定性结果，那么它就不适合作为行动指标。比如，某销售团队招聘了一些"神秘人"，定期给一些重要客户打电话以了解销售人员的拜访情况和客户满意度，这让销售人员们觉得公司不信任他们，部分销售人员对公司产生了抵制情绪，甚至有销售人员和客户提前串通，受访的客户也会感到很尴尬，逐渐对企业产生不信任感……同时，招聘这些"神秘人"也花费了企业不少钱，类似这样的行动指标是不可取的。相反，团队发现邀请客户参加市场活动或现场参观，并进行面对面访谈，反而能拿到更真实的客户反馈，对改进服务帮助更大，所以他们把精力放在如何邀请更多重要客户来现场参加活动，并如何收集到客户更多的好建议上。

第三步，确定该行动指标

在确定指标时，还需要考虑如下六点，如表1-10所示：

表1-10　对于指标制订的要求

序号	考虑项
1	是否可跟踪到每个人或团队的表现
2	确定跟踪频次
3	确定指标的衡量标准（数量和质量）
4	指标的核心是否是简洁的动词
5	可行性
6	聚焦再聚焦

①是否可跟踪到每个人或团队的表现

保持对每个人的表现的跟踪可以有效激发每个人的责任感，操作难度比较大，因为需要收集的信息太多；保持对团队整体表现的跟踪，操作难度会低很多，可以忽略个体差异，是可取的办法。具体如表1-11、表1-12所示：

表1-11 同一指标每天/每周/个人/团队跟踪对比

	每天（每天跟踪）	每周（每周跟踪）
个人指标	每个销售人员每天接待10位顾客，提供咨询服务	每个销售人员每周接待60位顾客，提供咨询服务
团队指标	销售团队每天接待100位顾客，提供咨询服务	销售团队每周接待600位顾客，提供咨询服务

表1-12 每天/每周/个人/团队指标的选择标准

	每天（每天跟踪）	每周（每周跟踪）
个人指标	・每个销售人员每天必须达成的 ・问责可具体到每个人 ・记分表更新快、细致	・允许销售人员在某几天不达标，只要周达标即可 ・这类指标是必须每个人都达标，团队才可能达标 ・记分表更新慢、细致
团队指标	・允许个别销售人员达不成，团队达成即可 ・团队的整体成功，可以掩盖个别成员的表现不佳	・允许某几天达不到，只要周计划达成即可 ・团队的整体成功，可以掩盖个别成员的表现不佳 ・整个团队会集体成功或失败

②确定跟踪频次

每天跟踪收集数据的工作量较大，但可以创造出高水平的责任感；每周跟踪，则可允许下属状态有一定的起伏，只要他们能完成周指标就好。

③确定指标的衡量标准（数量和质量）

数量标准，是指做到多少、做的频率、做多久，有些时候量变会带来质变。某销售团队原来每周给所有客户发送两封电子邮件，得到的回应却很少；但是，当他们提升到每周发三封邮件时，客户的反馈明显增多，业务量也增加不少。

质量标准，是指"我们应该做到什么程度"算做到了。

④指标的核心是否是简洁的动词

比如，"为了……所以……我们需要……"仅需要保留"需要"后面的内容。

⑤可行性

比如，"每周打800个电话"是可行的，但"每周打2500个电话"就变得不可行了。

⑥聚焦再聚焦

如果一个销售流程中有五个步骤，与其让销售人员在每个步骤上有所改变，不如找出其中1~2个问题最大但改善后效果最好的环节采取行动。大多数情况下，瞄准关键环节的行动指标，比妄图一下子提升整个流程中所有行为的方法更有效。

综合练习 请使用以下行动指标建立工具，尝试为团队最重要目标确定行动指标：

1. 在表1-13中填写最重要目标；
2. 开展头脑风暴，列出候选的行动指标；
3. 确定评估各候选指标的影响力标准，进行打分和排序；
4. 参照表1-13对于指标制订的要求，测试你的行动指标，得出最终的行动指标。

表1-13 最重要目标（行动指标）

候选的行动指标	打分标准	分数及影响力排序

最终的行动指标_____

运用原则三：坚持可见记分表

在富兰克林柯维公司的一项调研中，有73%的行业领先者认可成功指标是可见的、可达到的且可以持续更新的，这一比例远远大于业绩平平的落后者的33%的认可率。

中学时代，我曾打过篮球。记得有一次篮球比赛，因为记分牌出现了问题，双方团队的积极性和士气瞬间便低落了下来。也就是说，在有积分的时候，人们的表现往往会更好。因为记分表意味着团队成员共同拥有对比赛结果的控制权。记分表上最好能体现所有团队成员的名字，因为全体成员的参与度越高，他们对这个记分表的责任感就越强，对整个团队的归属感也会越强。同时，记分表也需要有人专门来负责更新。

运用原则三的步骤主要有三步。

（1）确定记分表要体现的关键行动指标及形式

记分表的形式一般有以下几种可供推荐：趋势线记分表、柱状图记分表、笑脸图记分表。

趋势线记分表

这类记分表（如图1-7所示）可直观展现出在什么时间某指标的变化情况。

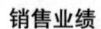

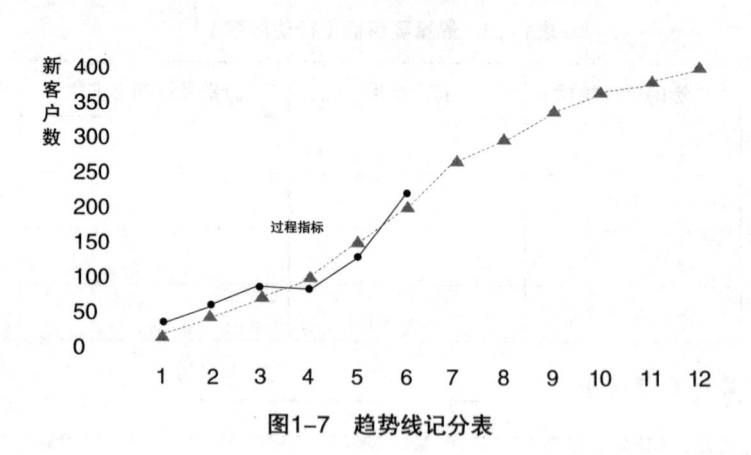

图1-7　趋势线记分表

柱状图记分表

这类记分表（如图1-8所示）对于比较团队成员之间的表现非常有效。

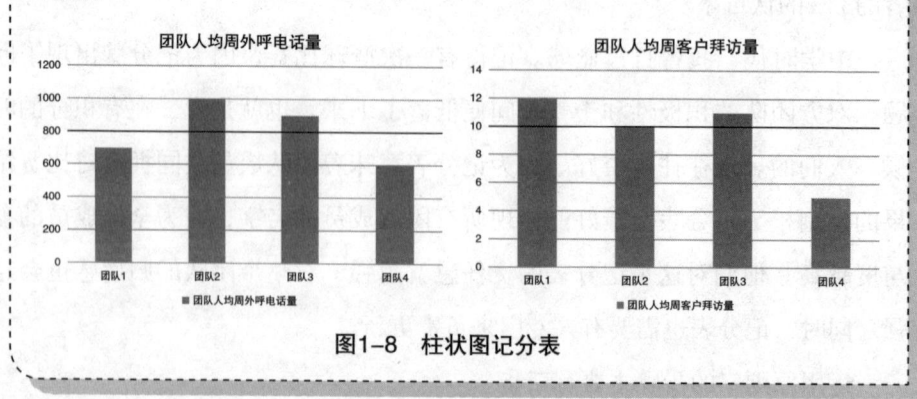

图1-8　柱状图记分表

笑脸图记分表

这类记分表（如图1-9所示）可以用不同的图标或颜色来表示当前的进度，对展示行动指标的完成状态非常有用（如优秀、合格、不合格）。比如：大笑脸一般表示工作进展顺利（优秀），微笑脸一般表示进展良好（合格），无表情脸表示进度一般（不合格）。

图1-9 笑脸图记分表

如果团队成员能全体参与记分表的设计中则最佳，因为每个团队是不同的，个性化记分表往往对他们更有意义。我见过汽车类公司将赛道作为时间轴，也见过食品类公司将不同的食物画在记分表上，非常形象，而这也激发了大家的投入度。

（2）设计记分表

优秀的记分表具备以下特点：简单易懂、随时可见、能体现出现状与期望之间的差异（正或负）、能同时体现行动指标和结果指标。

要坚决抵制把过多的数据塞到一张表里的冲动，因为记分表并非公告栏，把所有信息放入只会分散团队成员的注意力。保持对最重要目标的聚焦关注，才是大家能够持续投入的关键因素。

一个好的记分表需要同时呈现过程和结果指标，以便于及时调整行动指标。

如果一个团队只能从记分表上看到他们每个月的完成情况，并不能因此知道这段时间的工作成效。他们需要看到与工作计划的差距，才能及时调整行为，减少差异。

如图1-10中的（a）所示，它包含了优秀记分表的所有特点。将这样的表格张贴在团队成员每天随处可见的位置，相信大家5秒钟内就能看明白。

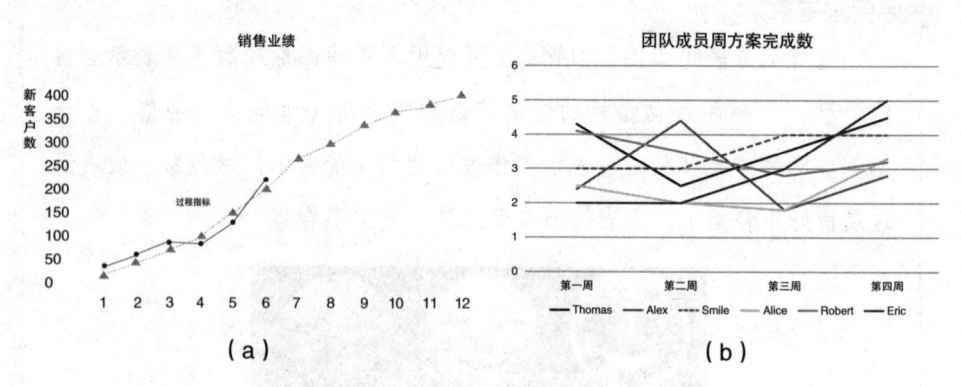

(a)

(b)

图1-10　优秀的记分表与普通记分表的对比

（3）建立记分表，并及时更新

前面的步骤由谁来完成更好？更新的工作由谁来完成？当然是团队成员共同来参与。但对于下属只有少量可支配时间的团队来说，销售管理者可以多承担一些，但尽量还是想办法让下属多参与进来。记分表的形式不限，电子的、实体的都可以，如海报、记事板等，只要能满足以上三条即可。

记分表的更新频率每周至少一次。如果长时间不更新，下属就会逐渐失去对它的关注，又会回到繁重的日常事务中来，最重要目标就会在杂事中消失得无影无踪。因此，我们还需要明确以下三点：

一是谁来更新张贴记分表；

二是何时张贴；

三是何时更新。

某销售团队的最重要目标是"当年内，客户数量从203家增长至600家"。行动指标一：每周每人拨打陌生电话数量达到800个；行动指标二：每周每人客户拜访量10家以上。他们制作的记分表如图1-11所示：

第一招　打造高绩效销售管理要有目标和执行力

团队人均周外呼电话量

销售团队人均上周外呼电话量

最重要目标

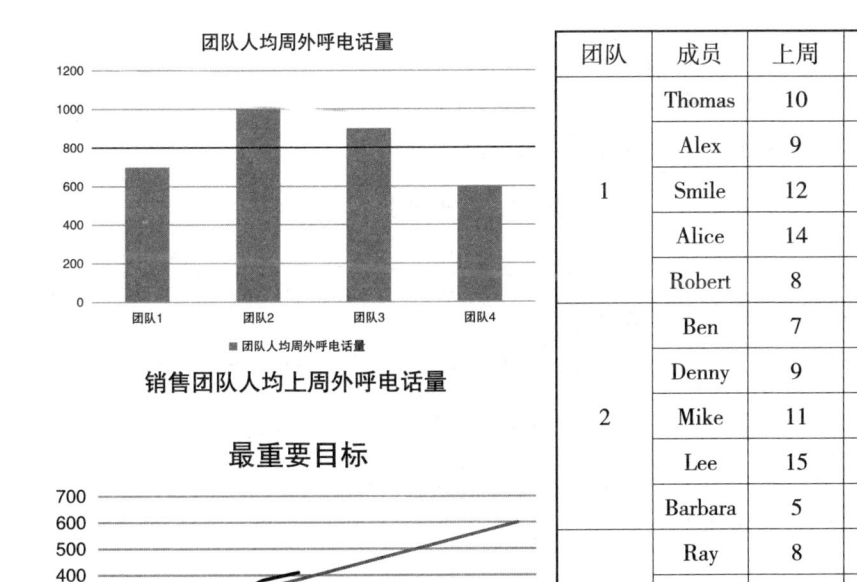

团队	成员	上周	达标与否
1	Thomas	10	V
	Alex	9	
	Smile	12	V
	Alice	14	V
	Robert	8	
2	Ben	7	
	Denny	9	
	Mike	11	V
	Lee	15	V
	Barbara	5	
3	Ray	8	
	Tom	9	
	Jerry	10	V
	Ford	8	

销售人员上周拜访客户量统计

图1-11　某销售团队制作的记分表

记分表工具如表1-14所示：

表1-14　记分表工具

团队最重要目标	结果指标
行动指标一	记分表
行动指标二	记分表

031

检验标准：

团队成员是否都投入和参与建立记分表的过程中？

记分表是否包含了现状和期望的两个状态？

记分表是否简单、清晰、醒目、易于更新、个性化？

运用原则四：建立规律复盘制

当我们建立了一个清晰有效的计划并制订了最重要目标之后，也许一开始团队会有一个良好的开局，因为团队成员都想要做出最好的业绩。但是，随着日常事务或者一些突发事件的不断涌现，团队成员可能会被拖回疲于奔命地应对各种紧急事务的恶性循环当中，所以，我们需要建立一个规律的复盘改进制度。

某销售团队在学习了提升高效执行力的四个原则后，也迅速进行了从最重要目标的制订到结果指标和行动指标的选择上。然后，全员参与到个性化记分表的制作、设计和张贴中来。

一开始，大家非常关注图表中那些数据的变化，也真正思考了怎样提升数据和自己的工作表现。但是没多久，随着日常事务和突发事件越来越多，这些表格逐渐被人遗忘……特别是会议的引领者——销售管理者由于出差没有及时追踪销售人员上周的表现。一周、两周，甚至一个月过去了，图表再也没有被更新过。最终，它被人从墙上取了下来……

上面这种情景，你是否觉得很熟悉？我给很多公司做过培训，如果公司墙上有图表，我总会习惯性地走过去看一看，却总会失望地发现里面的信息已经停更很久了。其实，能做到月更的企业已经算是非常不错了，能做到周更的企业通常都是非常优秀的，这些企业都有一些共同的特点：员工们都很忙碌，走路飞快，有很强的积极性，企业很有活力。这让我回想起我做销售那会儿，我们部门每周一早上雷打不动的例会是多么重要，重要的是"雷打不动"。当我成为一名销售管理者时，我也庆幸自己一直有坚持定期复盘跟进的习惯，这对打造高绩效团队非常有效。

这一环节，我们需要做好两件事：第一件事，定期召开最重要目标会议；第二件事，改进并制订下一周的工作计划。

定期召开最重要目标会议只有一个目的，就是让团队聚焦于最重要的目标，通常需要定期召开，至少每周一次。它的固定模式如图1-12所示：

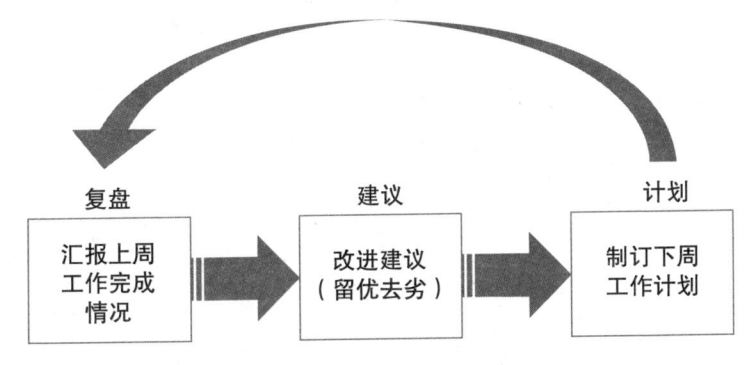

复盘　　　　　　建议　　　　　　计划
汇报上周　　　　改进建议　　　　制订下周
工作完成　→　（留优去劣）→　工作计划
情况

图1-12　最重要目标会议开会流程图

（1）复盘

汇报上周工作完成情况。每个团队成员就上次会议的工作计划（承诺）汇报工作。

（2）建议

吸取经验教训。评估团队成员的工作计划是否可推动行动指标，行动指标是否可以推动结果指标。团队头脑风暴讨论如何调整。

（3）计划

制订下周工作计划。一个小小的行为，可以帮助我们聚焦于最重要目标的具体行为上。

以上三步的具体操作步骤只需团队成员站在记分表前，每人就以上三个问题发表三分钟以内的讲话分享，再一起发表对新计划的内容调整项，最终达成一致去执行的过程，比内容更重要的是需要这种仪式感和问责机制的建立，让最重要目标始终指引着每个团队成员的实际行为。

作为销售管理者，我们需要至少每周组织一场这样的会议，并在开场时就上一次的结果指标做一个总结，即先回顾记分表，然后带头汇报自己上周工作计划完成情况、改进建议、下周计划，随后由团队成员依次进行汇报。

案例分享

最重要目标

在12月底之前，开发397家新客户

过程指标一

每周人均外呼电话量800个

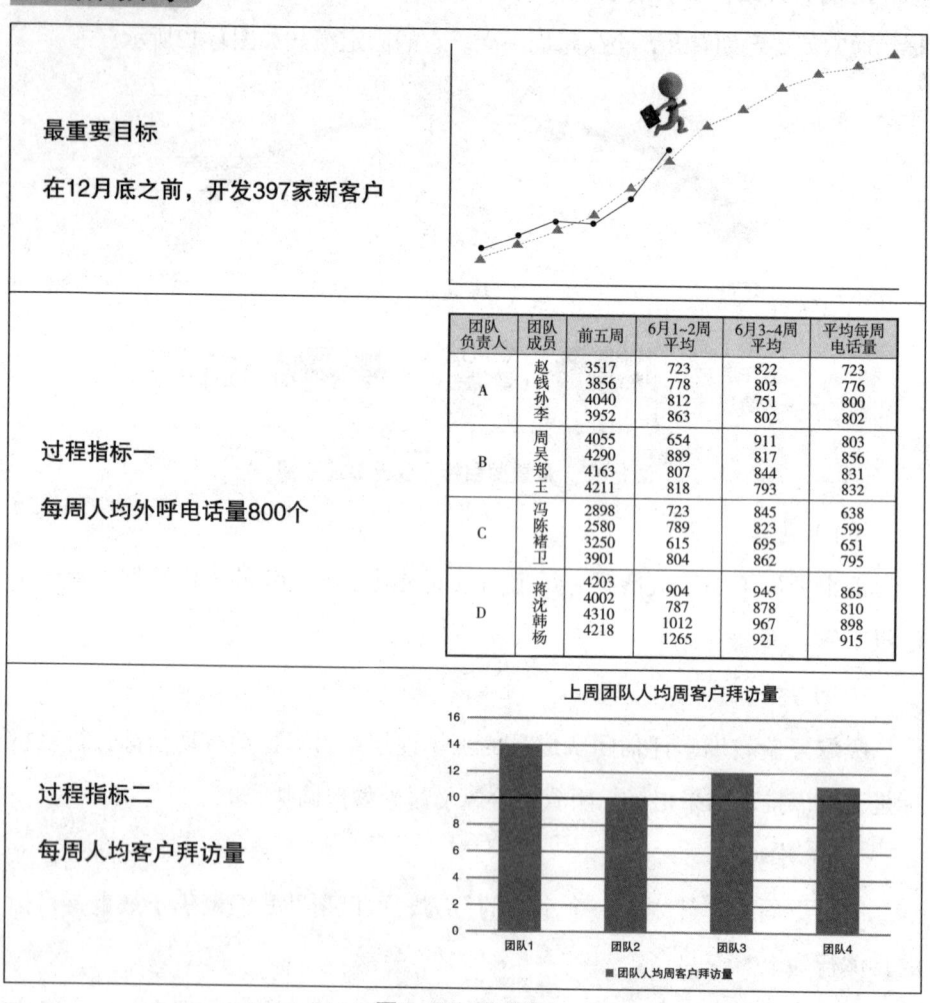

团队负责人	团队成员	前五周	6月1~2周平均	6月3~4周平均	平均每周电话量
A	赵	3517	723	822	723
	钱	3856	778	803	776
	孙	4040	812	751	800
	李	3952	863	802	802
B	周	4055	654	911	803
	吴	4290	889	817	856
	郑	4163	807	844	831
	王	4211	818	793	832
C	冯	2898	723	845	638
	陈	2580	789	823	599
	褚	3250	615	695	651
	卫	3901	804	862	795
D	蒋	4203	904	945	865
	沈	4002	787	878	810
	韩	4310	1012	967	898
	杨	4218	1265	921	915

过程指标二

每周人均客户拜访量

上周团队人均周客户拜访量

图1-13 记分表

销售部张总："大家早上好，现在是早上九点，首先让我们一起来回顾一下计分表。"

【回顾记分表】

"今天有一个好消息要告诉大家。我们刚刚完成了第二季度的工作计划，超额完成了第二季度的结果指标2500万元的销售收入，原定目标是2300万元，恭喜大家！

"正如记分表上显示，前两周，我们人均外呼电话量达到了842个，创造了今年以来最高的纪录。在这里，我要祝贺表现最好的两位同事小D和小B，他们团队的周平均外呼电话量分别是928个和841个。

"另外，我们第二个行动指标也得到了突破，周平均客户拜访量达到了11个。但在过去六个月的时间，我们的方案提交率还有4%的差距。当然，上半年的成绩仍然值得庆祝，我们要在下一步的工作中继续保持。"

【汇报上周工作计划完成情况】

小A："我向大家汇报一下我上周工作计划的完成情况。我上周的计划是带小赵和小钱拜访客户，锻炼他们解决方案制作的能力，同时支持他们成功签下两家KA客户，我已经顺利完成了这些工作。

"我原本计划参加一个市场活动，并打算在会议上至少和三家企业的负责人建立联系。现在，我非常高兴地告诉大家，我已经与四家客户建立了联系，对方指定了对接人，我已经让下面的销售人员继续跟进。

"下周，我将参加三个重要客户的视频会议。同时，我还要面试两个销售人员，并录用符合团队需求的那个人。"

小B："我上周的工作计划是找到我们团队电话外呼量达标但客户量不能达标的原因。我发现大家的话术能力还有待提高，我打算在下周对大家进行电话话术技巧培训。

"下周，我还将带两名销售人员参加重要客户的面谈或者电话会议。"

小C："我和小B团队的情况正好相反。我发现我们团队的电话量还不够，如果团队能够增加外呼电话量，那么我们的客户拜访量将会变得更高。所以，我上周的计划是找到外呼不够的原因。

"我发现团队销售大部分有限制性的信念，他们害怕被拒绝，每一次拒绝都会让他们心里不舒服，从而影响下一次打电话的状态。所以，我的计划是下周做一场帮助大家从心态和思维上改变对于陌生电话的恐惧感的头脑风暴，并形成落地的行动计划，每个人选两项去执行且定期复盘。"

　　小D："我上周的工作计划是，为保证下面的销售人员能够达成人均每周外呼电话量800个，我要求他们在提前一个工作日将第二天的电话清单在他们下班之前整理出来交给我，并且我会做一些督促和抽查工作。

　　"由于是第一周开始执行，个别销售人员在下午拜访客户外出后未及时上交，我已经私下跟他们沟通过，他们也承诺下周一定能够做到。

　　"我下周的计划就是继续跟进这件事情，做到全部销售人员能够完成电话清单的提交，直至将此项工作变成一个习惯动作为止。

　　"同时，我计划参加三名销售人员针对客户的沟通会。"

　　张总的最重要目标会议就是这样开展的，直到每个成员都完成了工作汇报。注意，他们并不只是对张总负责，同时也在对彼此负责，对自己的工作成果负责，对自己的团队负责。

本招小结

提升执行力四原则：

（1）聚焦NO.1的目标；

（2）关注行动指标；

（3）坚持可见记分表；

（4）建立规律复盘制。

第二招

清晰高绩效销售管理要做好的两件事

作为一名高绩效销售管理者要关注两个维度：一个是"事"的维度；另一个是"人"的维度。一个人如果理顺了"事"的流程、步骤和规则，就能让自己有序地获得进步；如果解决了"人"的问题，就会持续地获得进步。

一 管理的发展

80%以上的销售管理者是因为业绩优秀而被提拔的，他们被提拔后会发现管理能力和销售能力是两回事，一个优秀的销售人员大概率成不了优秀的销售管理者的原因正是他们曾经的业绩太优秀！为了帮助销售管理者跳出这个怪圈，我们需要先来了解管理发展的三个阶段。

（一）管理发展的三阶段：管理—领导—教练

"领导力之父"沃伦·本尼斯说："管理是把事做正确，领导是做正确的事。"所以，管理是战术，领导是战略。管理聚焦于微观，领导聚焦于宏观；管理关注眼前，领导关注长远和未来；管理关注事，领导关注人；管理强调指挥、控制和监督，领导注重非职权影响力。

《成就》一书中有这么一句话："优秀的管理者成就自己，卓越的管理者成就他人。"管理是监督他人，领导是带领他人，教练则是成就他人。你想成为一名什么样的销售管理者呢？其实，**高绩效销售管理者的最高境界是成为一名教练型的领导者，即销售教练**。所以，之后我们也会将销售管理者称为"销售教练"。

管理者、领导者和销售教练的职责如图2-1所示：

管理者 → 领导者 → 销售教练

监督他人　　带领他人　　成就他人

图2-1　管理者、领导者和销售教练的职责

（二）教练的起源

说到"教练"一词，我们的第一印象可能来自体育行业，可如今"销售教练"属于商业领域。那么，它是怎么从体育领域发展到商业领域的呢？

20世纪50年代，美国有一位名叫添高威的网球教练家喻户晓，因为他可以在短短20分钟内教会一个身体健全的成年人打网球，因此迅速在美国蹿红。有一天，一名记者带着一位40多岁身体微微发福的女士来找他："我们听说你能教会任何一个人打网球，所以我们想看看你是怎么把她教会的。当然，我们会全程拍摄，并在电视台播放，让更多人看见。"添高威知道这个记者明显是来挑战自己的。他看了一眼这位女士，然后对记者说道："哦，她一定能学会。"如此简单的一句话令在场的人惊讶不已。

20分钟后，添高威真的教会了这位女士打网球。这段视频吸引了无数人观看，特别是一群心理学家。心理学家们开始研究他是怎么教会这位女士打网球的。结果发现，添高威把教学方法拆分成三个不同的阶段，每个阶段解决不同的问题。第一个阶段，他没有让她一上来就直接打网球，而是和她对话，对话正是要解决她心理和信念的问题，让她坚信自己能学会。接下来，他开始教她打球。心理学家发现添高威的教学很有特点。如果我们平时去学打网球，专业教练教我们的第一个动作是挥拍。如果你一开始学就学专业的动作，那么你打球时的注意点就会不一样，你会注意自己的动作对不对，挥拍的姿势对不对，你对自己的体验更多的是"错误"的反馈，一开始我们做不到太专业，你的自信也会因此受挫。我们来看看添高威是怎么做的吧！

添高威说："忘记一切动作，你的眼睛只要看一个地方，即看'过来的球'。当球过来时，用你认为最擅长的动作去击球，只要打到就算成功。"这位女士问道："打网球就这么简单？""是的，就这么简单！"这位女士开始时充满怀疑，但很快她发现只要她用球拍的任何一个部位打到网球的那一刻，添高威都会在旁边大声地说："太棒了，你又做到了！"在这种正向的激励下，这位女士开始释放出更大的力量和更快的速度，也就能打到更多的球了，这是第二阶段。第三阶段，添高威尝试改变了教练式的方法，用引导的语气说："唉，你尝试一下这样站和你刚才那样站有什么不同……你尝试一下这样握拍、这样打球和你刚才那样有什么不同？"用这种引导提问的方法引导她使用正确的方式去打球。第三阶段结束的时候，这位女士基本上学会了使用正确的动作打到大多数过来的球，她学会了！不得不说添高威是一名伟大的教练。

1977年，添高威的才能被美国AT&T公司的CEO发现，并邀请他给企业高管做培训。添高威感到很奇怪，心想："他们是企业高管，我是体育界的教练，完全不搭边。""不用担心，你就说说你是怎么教会别人打网球的过程就行。"当添高威在上面讲的时候，下面的高管都在认真地做着详细的笔记。因为高管们发现，添高威教别人打网球的原理和他们带领下属创造高绩效的原理是一模一样的。那一刻，商业教练的模式就产生了。1995年，全球最大的教练组织——国际教练联盟联合会成立。

这就是教练起源的故事。它告诉我们，教练虽起源于体育行业，但在20世纪已经被发现在商业领域可以被管理者用来带领团队创造高绩效，这正是为什么我们要成为销售教练的原因。

人要保持一个良好的心理状态才能更好地面对未来。让我们一起来看看，今天的人到底发生了哪些心理变化，我们又该如何去面对这些心理变化带来的管理方式的转变。

（三）人的心理特征

心理学研究发现，今天大部分人的承受力都在下降，这被心理学家喻为21世纪人类将会面临的最大的挑战，而这也是人的心理特征之一。

1. 心理承受力下降

当一个人的承受力下降时，这个人会变得很消极。消极的人容易逃避，而逃避会让他的选择变少。当一个人没得选的时候，就会"死路一条"，特别痛苦。

如果你在工作中可以选择做或者不做，你的感受会不会好一点？如果还有其他更多的方案可选，会不会让你更有动力去行动？人一定要有不断创建新的选择的能力，因为有很多选择的人生才是灿烂的。作为销售教练，我们也要让下属有更多的选择，要让他们学会创建更多的选择。那么，怎么实现呢？不能单纯地下指令、给答案，而是要引导他们找到解决问题的办法，最好是三个以上，再给他们制订一个选择的标准，引导他们自己说出你想让他们做出的那个选择。只有他们自己做出的选择，他们才会更有动力去做，因为人会习惯性认为自己说的是事实，而别人说的是"判断"。所以，大家都喜欢自己做决定。

我们每天都在被推销，你喜欢这种感觉吗？有些时候，我们购买不是因为对方的推销，而且因为我们正好需要，强制对方行动和强制推荐是一个道理，都是让对方没有选择权。

我的健身教练小张前段时间心情不太好，我禁不住问他发生了什么

事。他说:"最近店长给我很大的业绩压力,让我逼着学员续单,可我不想那样做。"我问:"结果如何?"他说:"有一对双胞胎兄弟之前购买了三个月的卡,还有一个多月才到期,店长就让我催他们续单,虽然我内心抵触,但是没办法。国庆前,我让这两个学员续单,他们说国庆后一定会续的。挡不住店长的多次催促,国庆前我又催促了两兄弟,结果这两个学员干脆就不来了……季老师,你说我该怎么办?"我说:"人人喜欢购买,但没人喜欢被控制着购买,所以,未来你只需要告诉对方行动的收益和不行动的损失,然后等待他自己做决定就好。我们唯一可以做的是用'趋利避害'引导对方做出对他最有利的决策,即将决策权交给对方。"

所以,让对方没有选择权的管理方式已经过时了。通过怎样的管理手段让被管理者感受到未来有更多的选择,这是今天管理的焦点,管理的是他们的**希望和创建更多选择的能力**。当我们通过一定的方式让他们感受到更多希望和选择,他们会产生一股强大的内在力量,这股力量会让他们变得更加积极主动,推动他们提升自己的承受力。这是根据人的心理特征承受力下降,我们所看到的管理的变革。

2. 需求提升

现如今,绝大多数人不仅在追求物质世界的满足,也在追求社会价值的认同,还在追求精神世界的富足,我们的需求在不断地提升,而问题也随之而来。

精神世界的富足源于两种渠道:一种是内求,另一种是外求。

今天不仅是女生要穿高跟鞋,男士们也开始穿起了内增高。请问,他们为什么要穿?有人说为了好看,可以获得他人的赞美;也有人说可以让人的气场变强大,让人变得更自信,这就是一种典型的外求思维。我们曾看到过乔布斯等名人在演讲时从来没有穿着华丽的服饰,真正内心强大的人不会靠外部的东西来装饰自己。

多年前，iPhone7刚刚上市，我的一位朋友为了能买到这部钢琴黑手机足足等了60天。手机到手后，他就开始后悔，因为它不像人们想象中那么出色，那为什么要订钢琴黑呢？因为只有这个颜色能让别人轻易分辨出他在使用iPhone7而非iPhone6。为什么LV的商标要做得那么大，因为它完美地迎合了人们希望别人看到"我在使用"的心愿。很多时候，我们是否对外在存有依赖呢？比如，穿高跟鞋是外求还是内求？不穿它，没自信；穿上它，自信立马就来了……人们的需求在不断提升，当满足不了时，我们更喜欢用外求的方式去获得满足，但这样就带来了痛苦，因为外求的东西不属于你，你无法把控。于是，你只能买更多的鞋，你的衣柜永远感觉少一件衣服，就是因为控制感不够！我们有没有这样一种觉察：当我们试图控制什么的时候，我们是不是已经被其反控制了？你的自信已经被高跟鞋、衣服和手机控制了。这个世界上只有你自己属于你，所有外界的一切都不属于你。

我们的人生有两种选择，第一种选择是大多数人想要有的选择：只要我拥有什么，就可以做到什么，就可以成为什么样的人。这种思维模式正是外求。比如，只要我有钱，我就可以买房买车，成为一个受人尊敬的人。第二种选择是内求。如果是内求的话，你觉得哪一个应该放在第一位：我要成为这样一个人；我自然就能做到；我自然就能拥有！我们应该努力让自己成为想成为的那个人，我就能自然做到，我就能自然拥有。然而，很少有人会选择这条路，因为这条路对我们而言充满挑战。

外求
拥有—做到—成为

内求
成为—做到—拥有

图2-2　外求和内求

为什么我们不愿意挑战自己？我们如何才会愿意内求挑战自己呢？在销

售教练里有一个坚定不移的信念,那就是"所有人都是丰盛而伟大的"。我们常常忘记自己的丰盛和伟大,一旦忘记,就会习惯于向外求。从外到内的转变,怎么样才能完成?唯有"激发"。我们将在后文中为你提供"激发"的方法,故此处不再赘述。

3. 追求高于能力的自由

人们会发现在精神世界的追逐过程中,大部分人追求的还是自由。但是,每个人对于自由的理解又不尽相同,这就造就了每个人跟这个世界不一样的相处方式。

今天我们都在谈新生代,看看他们是怎么定义自由的:"我想干吗就干吗,不要管我。""无拘无束"是他们对自由的定义,他们抱着这样的价值观在处理和这个世界的关系。他们面对职场的方式也很简单,"此处不留爷,自有留爷处",干得不开心就走人。销售教练们一脸茫然:"这些下属怎么这么难管?"

心理学中对自由的定义可以通过这个公式来体现:**自由=能力-欲望**。当我们拥有足够的能力又能合理地控制自己的欲望时,自由的空间就会变得特别大。我们也经常用"眼高手低"来形容一些年轻人。"眼高"正是指欲望高,欲望是指期待,对世界的期待、对公司的期待、对别人的期待,那些不可控的东西都是欲望。"手低"是指能力低。能力在一定时间内是稳定的,欲望则不一样,会失控。今天的员工对领导有欲望,对公司有欲望、对客户有欲望,所以他们感受到更多的是内心的痛苦,因为当欲望远高于能力时,就没有了自由的空间。所以,销售教练要帮下属找回自由。

我们要帮助一个人从他的欲望中脱离出来,欲望背后都有一个可达成的目标在支撑他,我们要做的就是从欲望中剥离出一个可以帮他达成的目标。比如,问下属对某个大客户的感觉。下属说:"领导放心,这个大客户我肯定能拿下,客户关键人都支持我。"对此,你该如何回复呢?"太好了!你一定行!"如果仅仅是这样回答可能会出问题,新生代不缺夸,他们从小就是被夸着长大的,越这样夸越容易夸出欲望。"哦,这个项目客户有1亿元的预算，你准备全部拿下，这非常好！如果你想后面也能顺利拿下这个订单，你觉得接下来你需要先做什么呢？"帮他剥离出现阶段可以达到的目标。人与生俱来是有欲望的，销售教练要让下属懂得从欲望中剥离出一个可达成的目标，这是我们需要思考的问题。

面对如下三个心理变化，销售教练应该这样做。**首先，承受力下降。**销售教练需要引导下属创造更多的选择和希望。**其次，人的需求在提升。**下属喜欢用外求的方式实现需求，销售教练需要通过激发的方式，让他发现自己内在的丰盛和伟大，他才愿意内求。**最后，受到欲望的影响，感受不到自由。**销售教练可以帮他从欲望的背后剥离一个对他来说当下可以达成的目标，让他觉得"我是可以把握得住的"。

（四）人的思维特征

管理过程中要解决的第一个问题是预防人犯相同的错误。人的行为大多是受思维影响的，管理者帮助他们建立正确的思考模式和思维系统，要解决的就是他们思维上的问题。与此同时，销售教练应该更关注人的未来。我们要想改变一个人的行为，就必须先改变一个人的思维，并关注他的未来。

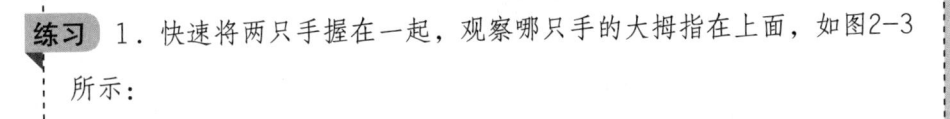

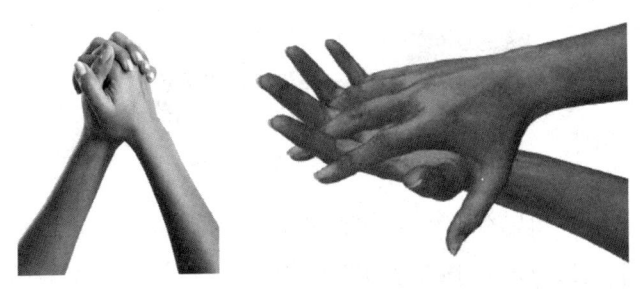

> **练习** 1. 快速将两只手握在一起，观察哪只手的大拇指在上面，如图2-3所示：
>
> 图2-3 两只手握在一起的状态

2. 改变握手的习惯，刚才左手的大拇指在上的变成右手的大拇指在上，刚才右手大拇指在上变成左手的大拇指在上（这需要你变换交叉双手的位置）。改变握手习惯后，你有什么感觉？

3. 迅速松开手，然后重新交叉握在一起，请观察你的握手方式是回到第一次的握手方式还是第二次的握手方式？

为什么大部分人会回到第一次呢？因为"习惯了"。习惯还会带给我们什么呢？

大部分人都喜欢待在自己的舒适圈里。但是，一个人只有跳出舒适圈，才能提升能力和实现目标。比如，在刚才握手的练习中，怎么才能让你最终养成一个新的握手习惯呢？这当中就会经历跳出舒适圈的过程。心理学有一个说法，如果要形成一个新的习惯，每天要重复7次以上，21天后便可形成一个新的习惯。那么，怎么才能做到呢？

人的思维是受结果影响的，思维让我们产生行动，只有行动才能产生结果，而结果又会影响思维，这是一个闭环，具体如图2-4所示：

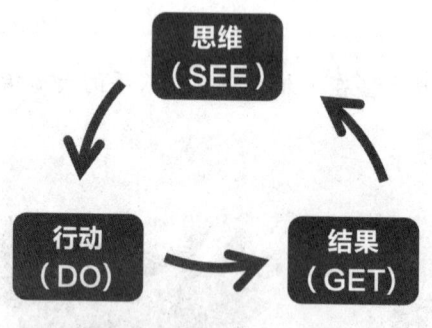

图2-4 思维—行动—结果

先来说说行动和思维。不同的行动会产生不同的结果，是什么让我们产生了行动呢？是思维。趋利避害是人的天性，一部分人会因为害怕损失而行动，另一部分人则会因为向往收益而行动。如图2-5所示，人们的驱动力来源于"痛"和"快乐"，痛又分为"现在的痛"（损失）和"未来的痛"（损失），快乐也分为"现在的快乐"（收益）和"未来的快乐"（收益）。你觉得这四个中哪个对改变行动的影响最大呢？想想是什么让你去医院的？更多的是不是"现在的痛"或者"未来的痛"？所以，这四者的排序依次是"现在的痛"（发烧、头痛等，难受）、"未来的痛"（再不治可能要手术了）、"现在的快乐"（感觉舒服）和"未来的快乐"（治好后马上可以出去玩）。心理学家研究也发现人们相对于得到来说，更害怕的是失去。

在日常的销售管理中，我们会制订销售人员的绩效考核制度，在制订时，需要同时兼顾这两个方面的影响，即"做不到"会有什么惩罚，"做到了"又会有什么奖励。销售教练会更注重奖励的部分，奖励不仅是物质上的，更应该是在看到下属做出行为改善后需要进行及时的表扬和积极的鼓励，因为教练脱胎于积极心理学，更擅长用幸福的方式感召人、激发人，这就是教练的魅力，让人感知幸福的力量，从而自觉地发生。

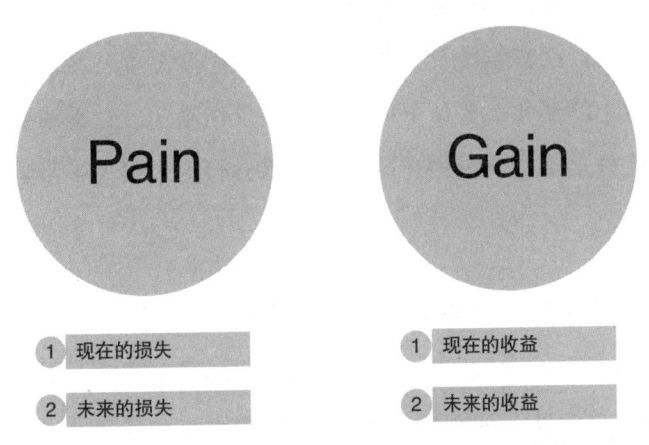

图2-5 现在的损失和收益及未来的损失和收益

再来说说"结果"。

思维产生了行动，那么什么产生了思维呢？结果！可是，大部分人对结果不敏感。

练习 $Y_{t+1}=Y_t^2$

1．假如$Y_1=1$，$Y_{30}=$？

2．假如$Y_1=1.0\,000\,001$，Y_2是$1.0\,000\,002$，Y_3是$1.0\,000\,004$，Y_4是$1.0\,000\,016$……那么，$Y_{30}=$？（比2大还是比2小）

答案是200多兆亿，和你想象的一样吗？

数字$1.0\,000\,001$与数字1相比，几乎没有任何变化，就像蝴蝶的翅膀扇动了一下，然而发生在Y_{30}上的变化不亚于佛罗里达州的一场风暴，这种现象被称为"蝴蝶效应"。蝴蝶效应说明微小的变化根本感觉不到，但是坚持到最后却威力无穷。人们往往观察不到细微的变化，所以很难坚持正确的行为持续发生，怎么办呢？

一个人如果对自己创建的结果不敏感，对自己的努力也不敏感，谁要对他的结果敏感呢？销售教练！为什么我们的敏感度高呢？我们每天都要关注下属发生的微小的变化，要让下属感受到并反馈给他，**让他感受到他的坚持是有效的**。这就是销售教练用"结果—思维—行为"模型来影响一个人的行为改变的过程。

（五）传统管理者与销售教练的区别

练习 请仔细感受以下两段销售管理者与下属对话的区别在哪里？

背景：我方是电梯公司，对方是物业公司。物业公司因为电梯故障被业主投诉，要求销售人员两小时内派维修工上门修好电梯。

对话一：

员工：这个客户简直不可理喻，这么凶，真当自己是上帝啊？

主管：你看他这么无理，干吗跟他一般见识。

员工：我也不想，实在忍不住，你看他咄咄逼人的样子！

主管：我建议你以后见到这样的人先听他说，实在不行应付说几句好话就好了。

员工：我看到他那张臭脸就说不出好话来。

主管：那也要说啊，他要是闹到老板那里去，我们都不好办。

员工：闹就闹呗，大不了我不干了。

主管：胡说，你不要干我还要干呢，你这脾气也要改一改……

员工：尽量吧！

主管：不要尽量，是一定要改！实在不行，下次叫我，我来处理吧。

员工：好的领导。

对话二：

员工：这个客人简直不可理喻，这么凶，真当自己是上帝啊？

主管：客户让你受气了是吗？

员工：是啊，我说什么都不听，还凶巴巴的。要是可以在两小时内派人过去，我怎么会不答应呢！

主管：如果你是那位物业经理，遇见业主投诉会怎么样呢？

员工：很气愤吧，要求电梯商马上上门维修，但是也不会这么凶。

主管：是的是的，真的让你受委屈了！

员工：就是说啊，领导。

主管：客户很气愤地找到你，如果你是老板，你会怎么做呢？

员工：应该会耐心跟他解释，请他谅解吧，毕竟是合作五年的老客户了。

主管：以后再遇到这样的客户，你会怎么做呢？

员工：心平气和地站在他的角度想想，如果不能满足他的要求，也会耐心地跟他解释，找到令他满意的解决方案。

主管：好的，下次试试。

员工：好的，谢谢领导。

现在，请你思考一下：哪种沟通方式可以让下属产生更多觉察，从而有更多选择，更愿意采取行动并承担责任呢？

对话一中的销售管理者说得很有道理，但是下属的状态却不是很好，体现在下属都是被动接受领导的指示，他的想法大多被领导否定了。这是我们常用的控制式、命令式的管理方式。这种方式改变下属的一次行为容易，却很难让下属改变思维，从而持续新行为形成新习惯，无法提升下属的能力。管理者经常帮下属解决问题，会让下属变成"甩锅侠"而不愿意承担责任且变得越来越不自信，而这也会让管理者和下属之间的信任感越来越弱。

对话二中我们发现，下属的内心是有答案的，他在思考。我们永远要相信我们的下属是有答案的。销售教练只要给他充分的激发和欣赏，他会有面对自己的选择和答案。这是两种管理中不同的对话模式。这两种不同的对话模式区别在哪里呢？

你见过驯猴吗？驯猴师是盯着猴子做错的地方看，哪里做错了，他就会一鞭子抽下去，直到猴子做对为止。但是，驯猴时必须在猴子身上拴条链子，否则它就会跑掉。驯猴会让猴子产生逃离感。一旦它翅膀硬了，它就会毫不犹豫地挣脱链子，"逃离"那个地方。这就是第一种对话模式：用命令、控制的方式盯着错误看带来的结果。

你见过驯海豚吗？当小海豚被放出来时，它会开心地游来游去，兴奋时还会跳出水面打一个滚，旁边的训练员只要看到小海豚打滚就会吹响哨子，同时丢一条鱼过去，小海豚很开心。当它不经意再次跳出水面打一个滚时，哨声响起的同时又来了一条鱼。直到有一天，当它再次跳出水面打滚时，却只听到哨子声，没见到鱼。海豚只有三岁儿童的智商，它会觉得很奇怪："为什么有反馈却没有鱼呢？"于是，它做出了一个改变，它奋力地从水面钻出来，"啪啪"在空中打了两个滚，这时哨声再次响起，鱼也来了。于是，它明白了一个道理：如果我做到和过去不一样的动作时，不但有哨声，还有鱼的奖励。

一种管理模式是驯猴，是盯着犯错的地方进行反馈；还有一种管理模式是驯海豚，是盯着正确的地方给出奖励。你觉得这个时代需要的是哪种管理模式？驯猴模式流行于20世纪，因为过去的员工的体能和行为对我们很重要，所以用标准化的方式约束很重要。现在这个时代，员工的智慧和思考对我们更重要，因为我们需要更多的创造力，所以，我们更需要驯海豚的管理模式。销售教练更像是一种激发式的驯海豚的方式，激发就是多看下属做得对的地方，并且给出欣赏和奖励。

（六）销售教练的四大角色

销售教练有四大角色，分别是指南针、镜子、引导者和催化剂，如图2-6所示：

指南针　　　镜子　　　引导者　　　催化剂

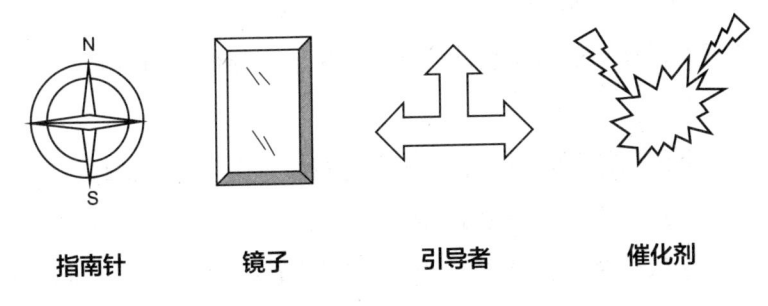

图2-6　销售教练的四大角色

销售教练的第一个角色是**指南针**，指南针是用来确定方向和目标的。当使用GPS导航系统时，我们首先要输入目的地，然后才会出来路线，目标确定后，你会发现实现的路径有很多，所以首先要明确目标。这个目标不是你给下属的，一定是下属自己（真正想要）的，销售教练只需要向下属提问，让他说出目标，并引导他一步步清晰目标。

当目标确定以后，我们要扮演好的第二个角色：**镜子**。很多人每天早上起床都有照镜子的习惯。当我们从镜子中看到那个不太满意的自己时，我们会调整自己，但镜子并不负责帮我们做任何调整，它只会做一件事：让我们看见当下真实的自己。销售教练也要做到让下属觉察，不用给他指导，因为他自己有办法解决（销售教练必须相信下属有能力做到）。

销售教练要扮演的第三个角色是**引导者**，引导下属用最有效的方法来行动。引导者是引导对方看到更多有利和有效的选择，但很多时候我们的下属是看不到的，为什么？第一个原因是内在情绪状态，比如害怕、担心、恐惧，只有内在足够丰盛才可以突破，这就要求我们学会激励和欣赏下属；第二个原因更重要，因为我们每个人看这个世界都有自己独特的人生观、世界观和价值观，我们也把这个叫作认知。我们明明看得见，但我们会选择不去看，因为在我们成长的过程中，我们的父母、我们的经历和经验，会产生一些限制我们成长的信念，这些信念让我们选择不去看到其他的可能，比如你相信"客户不会说预算的"，你相信"客户都希望钱要花在刀刃上"，你这么想你就会这样做：不去问客户预算、不给客户提供更高价值但价格更高的方案……所以，成为引导者是很难的，我们对下属的认知壁垒一定要有绝对的敏感度，看到他的限制性信念在哪里，引导他看到新的世界、创造新的选择。

最后一个角色是**催化剂**。催化剂本身不参与化学反应，却可以引爆、加速、鼓励、点燃下属去做到他的选择。

以上四个销售教练的角色就变成一套逻辑，我们只要扮演好这四个角色，就能引导他人创造价值。

二 管事与理人

管理分为"管"和"理"，又分为"人"和"事"，两两应该如何对应呢？如图2-7所示，请连线。

管	人
理	事

图2-7 "管""理"与"人""事"的对应关系

正确答案是"管事"和"理人"。因为作为一名优秀的销售教练，我们应该管好哪些事，又应该如何理好人呢？

（一）管好哪些事

销售教练要做的"事"的部分，主要是理清销售流程和学会如何拆解指标和管理指标，因为企业对销售管理者的考核主要分为两项：一项是团队销售业绩完成率，另一项是团队人才梯队培养。

（二）如何理好人

对于如何理好人？你能想到哪些激励下属的方式？下面是一个传统的激励下属的方式，你看看有什么问题。

> 你有一位下属A，他的底薪是6000元。目前，他只完成了60%的绩效，而你期望他能达成90%~100%。他来公司三年了，过去曾向你提过1~2次涨薪的要求，但你没同意。为此，你一直觉得有些亏欠于A，这也可能是导致A情绪低落、动力不足的原因，本月你准备将他的底薪提到7000元。A因为多拿了1000元，瞬间改变了工作态度，当月绩效提升到80%。下一个月，他继续拿到7000元底薪，绩效提升到85%。可是，随着兴奋度的降低，第三个月他的绩效降到了70%。于是，你决定将他的底薪恢复到6000元。这一降，麻烦来了，A的绩效降到60%甚至更低，最后离职走人了。这背后的逻辑是什么呢？

当我们将下属A的底薪从6000元提到7000元时，我们只给了他快乐。快乐有两个特点：一个是"快乐"的"乐"很"快"就没了；另一个是人对快乐有成瘾性追求。

有一天，人们从老鼠身上导出一根快乐电线，导出来后就让这只老鼠在一个笼子里跑来跑去。突然，老鼠踩到了一个按钮，这让它快乐无比。在接下来的时间里，这只老鼠就重复做一个动作——踩按钮。踩着踩着，它忘记了吃，忘记了喝，忘记了睡觉。最后，老鼠快乐地死掉了。

我们帮下属找到了"快乐的开关"（欲望），但我们对开关行使的权力却是有限的。下属不停地过来找你，说："老板，帮我按一下。"当你发现失去对开关行使权力的能力，却又让下属在欲望处形成了成瘾性追求，这就形成了管理的障碍。

在管理中要有"快乐的开关"吗？当然要有，但不要给下属过多的承诺，因为这是由绩效考核来决定的，但我们可以引领他如何做到。开关的位置决定管理取得的成效是不一样的。怎么样才能让这种快乐变得可持续呢？快乐如果来源于物质激励，总有一天会超出你的权力范围。激发下属，让他感到内在的丰盛和力量，他就愿意不断学习，并持续创造高绩效，不断获得快乐。所以，开关必须把握在下属自己的手里，销售教练可以引导他走向正确的方向，这是你应该做到的。

1. 激发的启动

激发的秘诀其实不复杂，就是我们要让下属感受到他自己内在的丰盛。

当你内心世界能够足够丰盛的时候，你看到的这个世界就是丰盛的。所以，看这个世界的方法很简单，是由你的内心世界来决定的。这也是为什么我们在真诚地欣赏别人的时候，我们的内在可以获取力量。因为在这一刻，你看到了自己，看到了你内在足够丰盛。很多时候，我们不太习惯这样去欣赏自己，我们渴望别人给予我们丰盛而不是自己去获得这份丰盛，我们太渴望外求了，以致我们经常会自我批判和否定，我们太渴望别人对自己的认同了，我们忘记了其实我们根本不需要别人的认同，我们本身就是一个这样的人，因为**人生来就是足够完整的，人生来就是如此丰盛的。**

> **练习一** 找到10个人，请他们每人给你三个正向的词来形容你，在这30个词中找出两个你最喜欢的（不一定是出现频率最高的）或者最渴望、最充满挑战的三个词。然后对自己说三句话：我喜欢我自己，因为我_____（填入第一个词）；我喜欢我自己，因为我_____（填入第二个词）；我喜欢我自己，因为我_____（填入第三个词）。

并不是由外界来决定你是谁，是我自己决定我是一个什么样的人，是由我的自我欣赏来决定的。所以，作为一名销售教练，要具备的第一项领导力的行为就是要学会写丰盛日记。不要想别人怎么看，很多时候我们都活在别人对你的期待里面，这份富足是你给自己的，你是谁完全由你自己决定。当我们敢于自我激发的时候，我们就可以向外激发他人。

行为转变取决于自我觉察，而自我觉察取决于你的"内在情绪"。哈佛大学教授、畅销书《情商》作者丹尼尔·戈尔曼博士的研究表明："90%领导者的成功取决于情绪智力。"情绪智力的理论告诉我们：你的逻辑只决定你7%的行为模式，剩下的93%是由你的情绪来决定的，如图2-8所示：

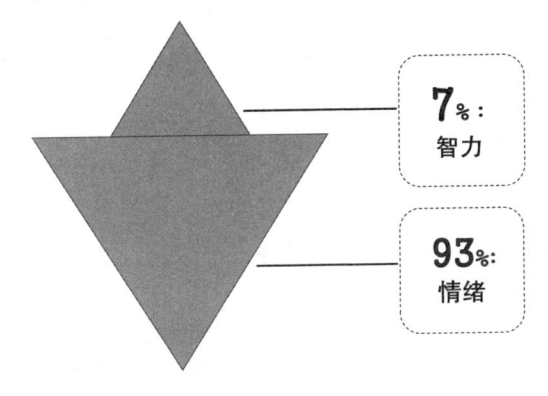

7%：智力

93%：情绪

图2-8　行为驱动力

生活中有太多这样的例子。

我一直希望自己能瘦一点,但每次都是口头说说,从未付诸任何实质性的行动,直到有一年的5月。那天,我拿出以前的裙子准备装扮好出门,但是背后的拉链怎么也拉不上去。就在我深吸一口气勉强拉上了拉链时,拉链突然崩开了。我瞬间沮丧到了极点。当天晚上,我就开始不吃晚餐了(真正开始行动)。此时是情绪和感受让我们行动(感性),而不是觉得我应该这么做(理性)让我行动的。

正是情绪和感受创建出相应的思考模式,才能创建出相应的行为模式,我们给他人创建出相应的感受,就会带出相应的行为。如果我们给他人创建出正向的卓越的情绪,那么这个人才会有正向敢担当的行为。

为什么会这样呢?我们先来了解一下脑科学的原理,如图2-9所示:

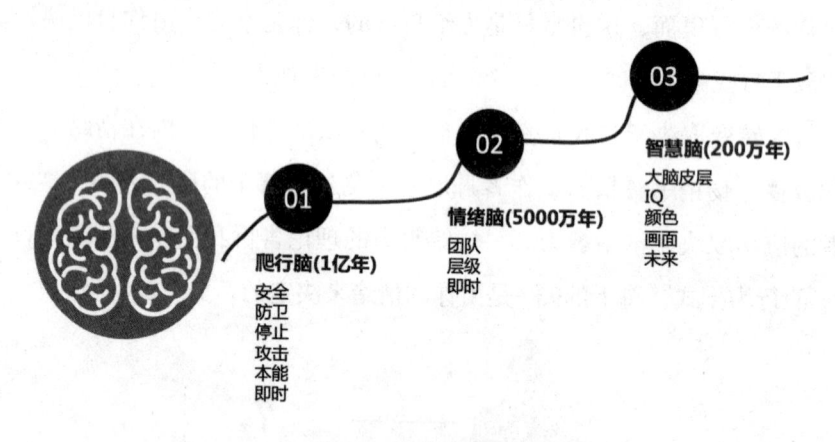

01 爬行脑(1亿年)
安全
防卫
停止
攻击
本能
即时

02 情绪脑(5000万年)
团队
层级
即时

03 智慧脑(200万年)
大脑皮层
IQ
颜色
画面
未来

图2-9 脑科学原理

科学家研究发现,人的大脑分成三个部分:最里面的,也是最核心的是爬行脑;中间部分是情绪脑;最外面部分是智慧脑。人和动物最大的区别在哪里?人和动物共同有的是爬行脑和情绪脑;人和动物的不同,是因为人已经具备智慧脑。爬行脑帮我们解决的是当我们面对危机的时候,我们的自我保护的自动化的反应。比如,突然有一滴很烫的水溅到你手上,你的第一反应是什么？当你走出家门口，有个人躲在边上吓了你一下，你的第一反应又会是什么？又或者，当我们看到凶猛的大狼狗朝你跑过来，在感受到危险的瞬间，你的第一反应会是什么？不是跑也不是对抗，爬行脑给到大家的反应是一样的，一定是冻结。短暂的冻结之后，你开始"跑"。但当你发现跑不过这条狗时，爬行脑会激发你第三个反应，对抗。爬行脑帮我们处理的就是面对危机的所有自动化的反应，冻结、逃离和对抗。只要爬行脑一启动，情绪脑就会自动被带动启动，就会产生情绪和感受。当我们对待下属是命令的、强迫的方式时，下属的情绪自然就是防御的、谨慎的、对立的。人什么时候才会自动锁闭自己的爬行脑呢？只有当他感觉到安全舒适的时候。所以，在管理中，我们需要给下属创建一个舒适、安全的关系，只有这样，他才会关闭自己的爬行脑，打开智慧脑。人的智慧脑是面向未来的，所有的创造、思考和责任担当，面对未来的思维模式都产生于智慧脑中。当我们特别开心的时候，鬼点子就会多，创意会被激发，人的智慧脑才会愿意看未来，因为真正解决问题的办法在"未来"。

我们常说的四种情绪不是喜怒哀乐，而是喜怒哀惧。这四种情绪中，只有"喜悦"这种情绪被创建出来后，人的智慧脑才会愿意打开，愿意指向未来，爬行脑才会关闭。所以，激发和欣赏可以帮我们做到这一点。

激发的原理是要让对方感受到丰盛而有兴趣，他才会感激和幸福；反之，产生的是抱怨和不幸福。只有先解决了"你是谁"的问题，我们才能关注到自己的信念到底是什么。

练习二 请按如下这个丰盛日记的格式，坚持21天的打卡练习。

一、打卡模板：

说明：重要的是发现了自己的哪些丰盛，不需要对事件做具体描述。

1．我拥有……（感受自我内在的丰盛）

2．我拥有……（感受身体情绪的丰盛）

3．我拥有……（感受周围关系的丰盛）

4．我拥有……（感受外部环境的丰盛）

二、内容示范：

1．我拥有超强的目标感和行动力，可以为了实现目标而忘我地投入。（关注在思想意识的提升）

2．我拥有觉察快乐的能力，每天都能看到开心的事。（关注在身体情绪状态）

3．我拥有一群志同道合的同事，一起做喜欢的事情。（关注在与周围的关系）

4．我拥有干净整洁的办公桌，工作效率很高。（关注在与外部环境的相处）

2．信念的建立

销售教练的核心是激发（我是谁），因为"我是谁"决定了你与世界的相处方式，决定了你的信念系统。

作为一名销售教练应该具备的信念是什么？

（1）销售教练永远相信人是可以的，人是完整的

只有在信任的基础上，我们才能给对方充分的信任和欣赏。在这里，我要送给你一个公式，绩效=我相信。为什么相信就能产生绩效呢？我们来看一个案例。

在一个销售会议上，某公司全国销售总监正在滔滔不绝地分享着自己过往的成功经验。因为这些话销售人员们已经听过很多遍了，大家对这个销售会议的热情并不高，不少人开始昏昏欲睡。在第二年年初的销售会议上，这位销售总监打算改变一下会议形式。于是，他忍住想分享的欲望，想让区域的销售冠军分享这一年在客户开发上的收获。这时，

一位销售人员因前一天睡得太晚正在打瞌睡。他旁边的同事便和他开了一个玩笑，用手推了他一下，道："老兄，领导叫你呢。"这位销售人员立马站了起来。销售总监误以为他就是该区域的销售冠军，便让他分享经验。这位销售人员在没有任何准备的情况下硬着头皮分享起自己之前谈了一个大客户的难忘经历。就这样，销售总监记住了这位销售人员的名字。在之后的每次电话会议中，他总会习惯性地让这位销售"冠军"进行分享。无奈，他每次都得提前准备好发言内容，努力去开发大客户……结果，一到年底，奇迹发生了，这名销售人员真的成为该区域的销售冠军。

当我们感受到外界对自己有正向期待的时候，你阻碍不了自己要去达成和实现它的愿望，这就是正向期待所产生的力量，"相信法则"在心理学中已经得到过无数次的验证。

我们有没有给下属创建过期待呢？当我们对下属有某些正向期待的时候，他才会还原给你一个你期待的他的样子，这就是相信的力量。比如，你无意间发现下属的一个小优点，不妨马上夸奖他，并指出如果他坚持这个行为将带来的意义和影响。此时，你就是在给他创建正向期待。同理，当看到下属做得不好的地方时，我们的抱怨和批评也会令他们去满足我们的那些负向的期待。作为一个销售教练，我们永远要具备这种相信的力量，我们永远要相信我们的下属是可以做到的，这是第一个要完成的信念：人是可以的。

（2）任何人的行为背后都有一个积极正向的意图和动机

当我们和别人争吵时，我们可能死活不肯原谅对方，却很容易原谅自己，因为我们看到的全是对方错的行为，看到自己的却是行为背后的动机。比如："你怎么可以这么大声地对我说话？""你怎么可以这样不尊重我呢？"这些全是对方的行为。我们每次都会觉得自己是对的，因为我们每次都能够体会到自己为什么跟他吵架。你仔细体会一下那些"为什么"，你会发现那些"为什么"都是正向的。

"为什么跟他吵？"

"为了你好，为了家好，为了孩子好……"

我们经常用行为来衡量别人，却用动机来衡量自己。很多时候，我们会把对方的正向动机忽略掉，行为有可能是错的，但请相信所有行为的背后都有它积极正向的动机。太极告诉我们，阴中有阳，阳中有阴。你是用哪一面去看待这个世界和这个人呢？

假如有一天，你的销售人员填写了外出拜访客户记录，被你无意间发现他其实是去干私事了——去医院照顾生病的母亲，你要教育他遵守公司的规章制度，你是教育批评还是扣工资？大部分时候，我们会从阴的角度去教育他人。但是，人在面对阴的时候一定会产生对抗。请问，这个销售人员背后有没有阳的地方？比如：家人、行动力、责任感。首先，他是一个孝顺的人；其次，他可能已经提前安排好工作，而且他的效率也很高。那么，你会怎样教育他呢？"你是一个孝顺、关心父母的人，善良、充满爱心，工作效率非常高、工作安排得井井有条的人，相信你一定能在遵守公司的规章制度和兼顾家庭方面做得更好。如果未来再遇到类似的事，你会怎么做呢？"通常，我们太不擅长从"阳"的角度去推动一个人的改变。如果我们从行为背后一切正向的动机出发，我们能看到别人对的地方。当我们看到别人对的地方，才能让他放下防备，来接受你其他的建议。

今天，一个下属跑过来找你说："我不同意你的观点！"接着，他还对你拍了桌子。拍桌子是阴的行为，请问这个员工有没有阳的地方？比如：敢于挑战权威、勇敢发表自己的观点、有责任感。作为销售教练，我们不但要看见，而且要带领他一起看见，让他站在正确的动机和意图上，带领他创造出更多的选择。

早些年我出差很多，有一天晚上老公打电话给我说："你儿子最近迷上了打游戏，你要管管他，今天我回家的时候发现电脑是烫的，而他的作业一个字都没写。"

后来，我跟儿子进行了一次对话，其实对话的方式也很简单，我只问了我儿子一个问题："你能告诉妈妈为什么你喜欢打游戏吗？"我这么问是在找他的正向动机。

儿子说："打游戏很有自由感，想怎么打就怎么打。"

"还有呢？"

"看到自己遥遥领先很有成就感。"哦，其实他更想要的是自由感和成就感，这就是他背后的正向动机。此时，我们需要锁定它。

"其实在你平时的生活里，还有很多东西可以给你自由感和成就感，除了游戏，你知道还有什么吗？"

我儿子说："没了！"我觉得他的回答不重要，至少他知道自己为什么在做这件事情，这是很重要的。

在后面很长一段时间里，我都会持续地问我儿子一个问题："儿子，告诉妈妈最近有没有让你感到特别有成就感的事情发生？"我让他站在自己想要的动机下去链接这个世界，让他看到原来不是只有这个，还有很多选择是可以给他成就感的。

这种推进的方式取决于我们看到别人行为背后的积极的意图和正向的动机。

作为销售教练，一定要有绝对的敏感度，感受出对方背后正向的意图和动机。他们感受不到，我们就带领他们一起来感受。这是我们看到的第二条，我们永远能看到人行为背后的积极、正向的动机。

（3）人都是有资源的

人在面对很多问题为难纠结不知道该如何抉择时，你想知道自己的答案吗？这里我教你一个好用的方法——抛硬币。

当你决定用抛硬币来帮助你做选择时，你心里其实是有答案的。在硬币落下的瞬间，你的内心突然会产生一个期望，期望这个硬币落在哪一面，这就是你想要的选择。如果没有落在这一面，你就会想再抛一次。

为什么有答案你却不选择呢？因为选择会带来痛苦。我们舍不得放弃，让我们不敢面临选择，不选不意味着我们不知道选哪个。还有一个原因是我们害怕承担选择后的责任，如果别人无论我们怎么选都会对我们的选择表示支持时，我们就敢选了。

每次和老公在上下班高峰期出行时，他都会面临走高架还是地面的两难选择。有一次，他选了高架，却堵得一塌糊涂。对此，他很自责。我对他说："你看选地面不是更堵吗？"后来，他选了地面也堵得一塌糊涂时，我也总会说："你看选高架不是更堵吗？"最终，他再也不会犹豫如何选路了。

人都是有资源的，人在面对问题时都是有能力解决的。就算他不知道答案是什么，我们也要相信他知道可以从哪里找到答案。就算他不知道从哪里找到答案，我们也要相信他可以找到答案，因为人都是有创造性解决问题的资源的。销售教练只需要给下属更多的支持，这是我们看到的第三个信念。

（4）人都会为自己做出最好的选择

很多人可能会觉得自己的人生当中有些事情是被迫去做的，比如工作是被迫的，出差是被迫的，参加活动也是被迫的。既然，我们觉得是被迫的，明天我们不用再被迫了：我们可以不工作，没工作就没收入，没收入就没饭吃，没饭吃呢……其实，生活和工作当中永远没有被迫，因为这个"被迫"一定是你当下最好的选择。如果你有比它更好的选择，何必还要在这里承受这份"被迫"呢？任何人在任何时候都会做出对于自己来说最好的选择。

销售教练一定是让人看当下、看未来的，而不是看过去的，人都会为自己做出最好的选择。我们要在这里创建的是一种尊重的关系，尊重他人的选择。

很多老师在培训开场时总会提出一些"课堂规则"来要求学员遵守，比如手机静音、积极回答问题、认真记笔记等，可是效果并不好，因为那些是老师的规矩，并不是学员的选择，所以他们不愿意做。那么，怎么才能让学员做到呢？我后来发现了一个好方法。通常，我会在课程开始前让学员们选择离开时的状态，大多数人选择了希望以"学习"的结果离开。我说："如果大家愿意以'学习'的结果离开这里，那么在今天的培训中你愿意做到些什么呢？"学员们给出的答案是手机静音、积极回答问题、认真记笔记……结果，他们都做到了。

自己认为重要的，才会全力以赴地去对待。在整个过程中，我们要懂得尊重他们的选择。

（5）改变是不可避免的

当我们可以做到"相信""探索""支持""尊重"的时候，销售人员的改变不可避免。如此，他们才敢于去创建承诺和行动。这是销售教练必须挑战的第五个信念。

3. 能量的提升

过去谈能量，我们说得最多的是感受和情绪，也有人说就是一种正向思维方式。下面，我们用一种更加科学的方法来解读什么是能量。

根据美国心理学家大卫·霍金斯博士（Dr. David R. Hawkins）的"意识地图"（Consciousness Map）理论，人的意识亮度（以Lux为单位）由低至高可分为17个层级（如图2-10所示）。以200的"勇气"为基准，居于其上的8个层级的意识状态可称为"能量"（Power），居于其下的8个层级的意识状态则被称为"压力"（Force）。

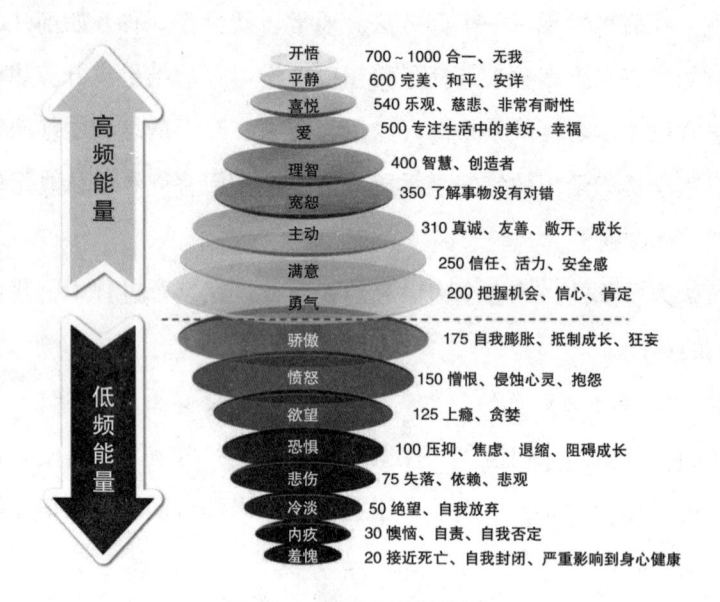

开悟　　700～1000 合一、无我
平静　　600 完美、和平、安详
喜悦　　540 乐观、慈悲、非常有耐性
爱　　　500 专注生活中的美好、幸福
理智　　400 智慧、创造者
宽恕　　350 了解事物没有对错
主动　　310 真诚、友善、敞开、成长
满意　　250 信任、活力、安全感
勇气　　200 把握机会、信心、肯定
骄傲　　175 自我膨胀、抵制成长、狂妄
愤怒　　150 憎恨、侵蚀心灵、抱怨
欲望　　125 上瘾、贪婪
恐惧　　100 压抑、焦虑、退缩、阻碍成长
悲伤　　75 失落、依赖、悲观
冷淡　　50 绝望、自我放弃
内疚　　30 懊恼、自责、自我否定
羞愧　　20 接近死亡、自我封闭、严重影响到身心健康

高频能量 / 低频能量

图2-10　霍金斯能量层级

今天一个下属来找你说："领导，这件事我干得漂亮吧？"他从"骄傲"的能量层级启动了。不幸的是，你被他影响了："有什么了不起，老子过去比你干得漂亮多了！"你用"愤怒"来应对他，比他能量层级还低。如果此时你有觉察能力的话，可以迅速扭转局面：淡定地面对他所取得的成绩，给予他适当的激发和鼓励，用这种方式影响他变得淡定，这就是能量层级的相互影响。销售教练首先要做到的是用觉察的方式去感受自己处在哪个能量层级。在我们影响他人的过程中，我们主要是通过以下三种模式来进行的。

第一种是心智模式。心智模式分为两种，正能和负能。

第二种是思维模式。思维模式分内求和外求。

内求和外求有什么区别呢？比如，我们问下属："是什么原因导致你没有完成这个任务呢？""领导，这不怪我，现在商业环境这么差，公司给的支持也不够，我们的产品设计得也不完美，价格还那么高，请问我怎么能做到呢？"这就是外求。外求是逃离，内求是看自己（我还有什么可以做得更好的）。

第三种是行为模式。行为模式分为主动和被动。

当一个人满是负能量的时候，他更容易向外求，而向外的思维必定产生被动的行为。在你过往的人生经历中，一定有过被骂或被骗的经历，当事件发生后，最重要的是看你的选择是什么。第一种选择，也是大部分人的选择，把自己定位成一个受害者。如果是一个受害者的角色，他的哪些情绪会迸发出来呢？愤怒、悲伤、沮丧、懊悔……这些全都是负能量层级的。在这种负能量层级中，他的思维模式将会是倾诉，渴望获得别人的同情。同时，还喜欢被动地解决问题或者创建负能量的行为，比如报复，然而这不仅仅不能真正解决问题，还可能引发更大的问题。

什么是主动的行为模式呢？在遭受任何一次伤害时，一定有我们必须要承担的责任。如果我们是一个负责任者，我们的能量层级就变成了勇气。在正能量的层级中，我们会去思考："我要主动去做一些什么样的修复工作，以便不让相同的事情再次发生？"我们把事情处理好了，有了不同的结果，这种思维方式会让我们产生习惯，从而让我们拥有不同的人生。所以，销售教练要稳定在正能量层级，只有这样才能拥有内求的思维和主动的行为，才能影响下属拥有同样的思维和行为。

4．思维的转变

（1）变"强将"思维为支持

俗话说："强将手下无弱兵。"在今天这样一个新管理时代，这句话彻底被颠覆了。

现如今，很多公司一直在谈人才储备、继任者计划，只有你的继任者出现了，你才有可能到达更高的岗位。那么，为什么很多管理者还要成为强将呢？

销售教练对自己的角色定位是很重要的。我们到底应该是搭台的人，还是在台上唱戏的人呢？其实，很多管理者既在搭台又在唱戏。当你站在台上唱戏的时候，你的下属却在台下看戏，而且他们越来越懂得该如何激励你更好地唱戏："领导唱得真好！"渐渐地，我们越来越迷恋那个唱戏的舞台。管理者们都想去获取团队管理中的权威感，最简单的获取方法就是以身作则，不断向下属证明"我最强""我永远可以做到"，这份权威是可以通过证明的方法拿到的，但"证明"却是一把双刃剑，它在让你得到的同时也在让你失去，让你的下属越来越没自信。

要知道，科学管理是我们要通过科学的管理方法让下属做到，而不是让我们自己做到。未来我们的兴奋点一定要发生转移，不是"我做到了，我兴奋"，而是"下属做到了，我兴奋"。

所以，我们首先要转变"强将"思维，要采用支持式的管理模式，让下属去达成目标。

（2）培养下属承担责任的能力

你知道吗？很多销售管理者都是被累死的。因为他们太喜欢亲力亲为了，总认为下属做得不够好。但是，你的亲力亲为只会让下属感觉到不被信任。让我们先来看看哈佛商学院中一个值得我们所有人思考的案例吧！

有一个销售主管，他有三个下属，分别是A、B、C。周四一早，销售主管刚上班，A就带着一样东西跑过来找他："领导，这是我们下一季度的市场营销策划方案，我已经写得差不多了，您能帮我看一下哪里还需要修改一下吗？"大多数管理者会怎么处理呢？"好，你先放在这里，待会儿我看一下。"听到这个回答，A很开心地走了。为什么开心呢？因为在你没有给出反馈之前，这件事情已经和他无关了。B也跑过来找你："领导，这是我上个月出差报销的票据，财务部催得可紧了，需要您尽快签字。""好，先放我这里，我尽快帮你搞定。"没多久，C也来找你："领导，这是我下个礼拜要见的客户，这个客户只根据第一轮的方案来选择供应商，方案我已经写得差不多了，这个客户对我来说太重要了，您能帮我看一下吗？""好，放在这里吧，我会尽快给你答复。"到了下班时间，销售主管发现A、B、C给他的三件事情一件没做，因为他还有很多自己的事情要处理。

转眼到了周五，销售主管刚坐到自己的办公桌前准备处理事情时，看见A进来和你说："领导，下一个季度的营销方案您看得怎么样了？什么时候能给我一个反馈？"面对下属的询问，销售主管说道："哦，我还没看呢。"A临走前丢下一句话："领导，快点哦！"A刚走，B又来找销售主管："领导，那个票据您签了吗？再不签，财务部门就不给报销了，那样的话，损失谁来承担？""哦，好的，我尽快！"C此时也跑过来："领导，下个礼拜那个客户还要不要做啊？再不提交，搞不好我们连入选的资格都没有了。""哦，我尽快！"但是到下班的时候销售主管发现这三件事情还是一件没干。这时，销售主管做了一个决定：明天到公司加班来单独处理这三件事情。

周六一早，销售主管在去公司的路上路过一个高尔夫球场，听见里面传来一阵熟悉的笑声。循声望去，销售主管差点被气吐血。A、B、C三个下属正在开心地打着高尔夫球。而销售主管呢？还得乖乖去加班……

当下属过来找销售主管时，他身上一定是背着一只"猴子"来的（"猴子"就是指下一步的行动，"猴子"的主人是指执行这一行动的人）。当他离开销售主管时，他身上的"猴子"不见了，爬到哪里去了呢？是的，爬到销售主管身上去了。当下班的时候，所有下属身上都干干净净的，但是销售主管身上却背满了"猴子"。如果你担任过销售管理岗位的话，相信刚才的描述一定会让你感同身受。肯·布兰佳的一分钟经理人系列《遇到猴子》一书中提到了解决方案。

第一个建议：不要帮下属养"猴子"，谁的"猴子"谁来养。

要会区分"猴子"的主人，谁的"猴子"谁来养。刚才三件事情就是三只"猴子"，只有签票据这一只"猴子"的主人是销售主管。那么，我们怎么来判断"猴子"的主人是谁呢？这里要将其分成两个维度：第一个维度是责任，第二个维度是风险。具体如图2-11所示：

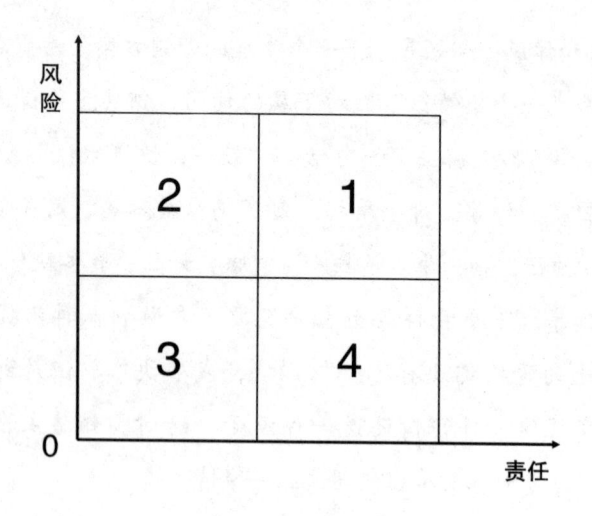

图2-11 风险与责任

如3区域，责任小风险也小的"猴子"肯定要丢回去，但不要忘记用激发的方式告诉下属，他一定能做好，这种"猴子"只需要看结果。1区域的"猴子"丢回去有风险，拿回来养也不合适。所以，我们可以这样说："等会儿下班后，我有一个小时的时间，你过来找我，我们一起来看看这只'猴子'该怎么养。"辅导下属养这只"猴子"，或者采用团队会议、头脑风暴的方式来处理。在辅导的过程中，养"猴子"的权力还在下属手上。

辅导的目的就是让下属提升让销售管理者做选择题的能力（带着答案来），而不是提升让销售管理者做思考题的能力（提问领导怎么办）。

- 让下属带着下一步行动计划来找你。这样做有三个好处：一是可以在谈话前把计划做得周全一些；二是无论在"猴子"最终归属谁的情况下，都让下属采取了行动；三是明确的下一步行动可以有效地激励"猴子"的主人。所以，在第一步时不要区别你和下属，双方都可能是"猴子"的主人，但先要让下属行动起来。
- 为了"猴子"的福利，一定要把它交到公司最基层的员工手上，培养责任心最好的办法是让下属承担责任。这样做有三个好处：一是无论是时间和还是精力方面，较之于上司，下属都会更充裕一些；二是下属更加了解他们自己的工作，他们在第一线，有更好的条件处理"猴子"；三是只有把"猴子"赶出办公室，你才有更多自由的时间处理更重要的事。

● 给所有"猴子"上完保险前，你和下属之间的对话不能结束。两种保险方式：先建议后行动或先行动后修正。该管则管，能放则放。

● 定期为"猴子"做检查。及时跟进意味着"猴子"的健康有所保障。每只"猴子"都应该定期做检查。与下属确定检查日期后，才能让下属带着"猴子"离开。

这就是解决这个问题的方法，你要相信他有能力解决问题，只是他不太愿意思考而已，而不是你每次亲力亲为。

销售教练要学会从机械式回答"怎么办"转变为员工能力成长的价值成果管理，让他们学会承担责任。

（3）变控制为影响式管理

今天的管理者大多有一定的权力，权力能给人带来控制感。控制有一定的优势，比如：快速和高效，保证结果的达成。控制也有一定的劣势，比如：因过度关注结果而忽视他人的感受；对控制有成瘾性追求，从而造成管理者影响力的降低。我们可以控制他人做一次，但无法控制他每次都做到。想象一下，你的下属每天早上九点坐到电脑前的能量状态是高还是低？好像没有太多人会说："太好了，又上班了！"在公司，大部分人什么时候能达到一天中最高能量值呢？可能是下班的时候。

所以，销售教练们需要从过去控制式的管理走向影响式的管理。

（4）追求效率和效能的平衡

> **练习**
>
> 请找到你的一位伙伴，你们当中一人扮演A，另一人扮演B。请B将右手捏成一个拳头放在A的面前，不要轻易打开。请A在接下来一分钟时间内，在不接触对方身体的情况下，想办法让B打开拳头。也请B思考一下：A做些什么，你才愿意打开拳头？注意：不要那么容易打开，只有A满足了B，B才可以打开。
>
> 思考：刚才的A和B分别扮演着企业中的什么角色？哪个像销售管理者，哪个像下属？

今天的管理现状是B像下属，A像领导，因为A需要通过一些管理方法令B打开手的绩效发生。刚才打开手的方法，已经融合了我们在管理中的所有模式。

上面这个练习，我在很多次培训现场都会让学员实操一下。当我一宣布练习开始的时候，我通常会看到以下几种情况。

- "打开！"——命令。有时命令也会无效，而且在未来无效的可能性会越来越高，因为新生代认可的管理方式发生了变化。
- 用钱打开——物质激励。这种激励方式短期内可能会有效，但管理不是一次性的行为，需要持续性和长期有效，一旦欲望被打开，未来又无法持续满足，管理者就是给自己挖了坑。
- "再不打开就打人了。"——威胁。威胁有时有用，但下属时刻会有逃离感，一旦他有能力了就会马上离开你。
- 看手相——欺骗。承诺的做不到，下一次他只要见到你，他一定会将手捏得更紧，信任关系被打破了，想要重建会更难。

第二招　清晰高绩效销售管理要做好的两件事

这个活动就是在模拟一个管理的过程，我们最想要的理想状态是销售人员的手可以持续地为销售教练们打开。所以，我们每一次对销售人员介入管理行为的时候，都要评估当下这个行为是一次性的还是长久的。

之前，有销售管理者告诉我："老师，你知道我们现场的销售人员压力都很大，能让下属打开一次是一次啊……"他的管理挑战正在于此，正是因为他永远聚焦在"打开一次"上，所以他每次都使用控制的方法，这样做其实是一次次地创建新的管理难度。请回忆你的管理行为更多的是满足长远价值，还是在"打开这一次"上？更多时候，我们要聚集在可以满足长远价值的管理行为上，**实现效率到效能的转型**。

从前有个农夫，他养了一只鹅。有一天，他发现自己的鹅居然下了一个金蛋。于是，农夫高兴地把这个金蛋卖掉了。接下来，鹅每天都会下一个金蛋，农夫高兴坏了。渐渐地，他开始觉得鹅下蛋的速度太慢了。为了拿到更多金蛋，他直接把鹅杀了，结果他再也得不到金蛋了。

上面的故事让我们看到了两种可能的行为：一种行为是杀鹅；另一种行为是养鹅。那么，哪个是追求效率，哪个是追求效能呢？效率是指单位时间内的最大产出。养鹅是效能，效能是追求长远利益的。

销售教练要学会在效能的基础上追求效率。

总结　四种思维模式的转变

- 变"强将"思维为支持；
- 培养下属承担责任的能力；
- 变控制为影响式管理；
- 追求效率和效能的平衡。

5. 行为的转变——干预的发生

我曾经看过一个视频叫《死亡爬行》，讲述的是一支美国职业橄榄球队的教练带领队长布洛克训练"死亡爬行"的过程。他用干预的方式激发和影响整个团队，最后创造了整个团队历史上最长的连胜纪录的故事。

"死亡爬行"是指背着搭档，膝盖离地，只能用手脚爬行。此种训练方法大多用于竞技体育、橄榄球、足球、军事训练等，对身体素质特别是体能要求较高，因其训练量极大，被称为"死亡爬行"。布洛克之前做"死亡爬行"最多能爬20码，这次教练却让他爬50码，他觉得这是不可能完成的任务。教练就把布洛克的眼睛蒙起来，并让他答应要竭尽全力。布洛克开始了爬行，其间教练不停地鼓励他。因为他一直蒙着眼睛，不知道自己爬到哪儿了，便问教练："20码到了吗？"教练说："别管到了没有，竭尽全力，继续向前，就是这样。"直到最后教练喊停，布洛克才停下来。他认为自己肯定爬到了50码，可教练却告诉他，他爬完了全场120码。在爬行的过程中，教练一直在给他加油鼓励，队友们的表情也从一开始的嘲笑，逐渐变得严肃，直到最后被深深地震撼。通过这次训练，全队建立了新的信念，信念让他们打败了最强的对手，并获得了一次次的胜利。

通过这个视频故事，我们可以看到销售教练的基本原理。销售教练的目标是一样的，都在指向一个人的绩效的改善与提升。一个人的绩效和当事人的能力有关，所以为了提升绩效，我们就需要不遗余力地提升和改善我们的能力。然而，在现实生活中，有些人明明有创建出高绩效的能力却没有创建出来，是因为除了能力，还有意愿度、动力、情绪、勇气等因素也会影响到绩效，我们把这一切统称为干预。

这里有一个绩效的公式：绩效=能力-干扰。

我们要帮助一个人提升绩效，除了要帮助他提升能力外，还要帮助他降低干扰。视频中布洛克的能力是没有变化的，他所做的一切都在满足一个条件，就是降低干扰。比如：第一个是"蒙上眼睛"，假如不蒙上会发生什么事？第二个，当教练看到全队的人都不相信的时候，只有他相信可以实现。

所以，下属可以放弃，但销售教练决不能放弃。第三个，教练给出反馈的频率很高！而且，所有的反馈都是正向和激励的。在绩效公式中，因为人的能力在短期内不会有太大的变化，但是通过干预降低干扰，也可以快速提升绩效。接下来，我们来学习一下如何做到干预。

在我的课程中，我首先会让学员花20分钟左右的时间做一套关于领导力风格测评的问卷。这套干预问卷里面总共有60道题目，全部是我们平常管理行为的基本描述，学员只需按行为发生频率高低（0~5分）来打分即可，频率越高分数越高，随后按一定规则统计分数后就可以测评出自己的领导力风格。领导力风格可分为六个维度，分别是告知式（即PR，喜欢给予建议、指示，直接给予方向）、信息式（即IN，喜欢给予知识、含义及提供信息）、质询式（即CO，中止对方惯性思维，给予对证，喜欢直接反问）、导泻式（即CT，关注对方的情绪，同理）、催化式（即CL，引导对方思考，创新性生成行动）和支持式（即SU，给予关注、认可、肯定，表达对对方的支持）。当然，最好的结果是测评出来六大维度比较平衡，否则就需要针对得分极端的具体行为进行调整。测评结果可用于结合下属类型进行干预管理。如果您想要这套测评问卷，可在我的视频号"季婉7招销售教练"后台留言获取。

以上六种领导力风格在使用时一定是两两组合的。比如：PR通常会和IN一起组合使用，在告知如何做的同时，向下属解释这么做的原因，会让对方更容易行动；CO和CT一起使用，因为对下属的业绩进行质询后，对方一定会有情绪，一旦产生情绪就需要及时导泻；CL和SU一起使用，当引导下属思考出解决方案，并做出选择后，销售教练需要提升下属的信心，表达关心和在未来面对困难时的支持，提升下属的行动力。六种领导力风格具体如图2-12所示：

> **Directive（指挥、权威）**

Prescribing（告知式）	喜欢给予建议、指示，直接给予方向
Informing（信息式）	喜欢给予知识、含义及提供信息
Confronting（质询式）	中止对方惯性思维，给予对证，喜欢直接反问

> **Facilitative（引导、促进）**

Cathartic（导泻式）	关注对方的情绪，同理
Catalytic（催化式）	引导对方思考，创新性生成行动
Supportive（支持式）	给予关注、认可、肯定，表达对对方的支持

图2-12 六种领导力风格

六种领导力风格的使用时机和提问类型总结如图2-13所示：

	PR（告知式）		IN（信息式）
使用时机	如果对方直接询问专业的意见；如果需要给予指导	使用时机	指示对方如何可以获得必要的帮助；给予对方必要的事实或数据
问题类型	你有没有……我是否可以建议你	问题类型	我是否可以给你反馈，例如……我看到了一些原因，例如……
使用不当的影响	给予错误的建议；强加结论	使用不当的影响	给予太多的信息；给予对方的信息没有逻辑性或框架

	CO（质询）		CT（导泻）
使用时机	需要验证对方的假需要，验证对方的假定；需要对方从新的角度思考自己的认知	使用时机	如果对方情绪低落、愤怒或受到打击时；如果对方情绪兴奋、激动时；如果对方自信心不足或担心失败时
问题类型	是什么让你这样认为的；其他人如何看待这个问题；你的看法/结论从何而来	问题类型	对于这件事你的感觉是……我感觉你的情绪有……告诉我你的感受是……
使用不当的影响	尝试"教导"对方；将对方引入绝对的输/赢选择；对于无价值的内容进行质询	使用不当的影响	只顾自己，未认真听取对方的表达；探寻的程度太深入；过快地表达认可对方的情绪或共鸣

	CL（催化）		SU（支持）
使用时机	希望获得更好的理解时；鼓励对方担起责任，给予激励	使用时机	需要建立对方自信时；鼓励对方承担一定的风险时
问题类型	你如何开始执行；下一次你准备如何用新的方式执行；这件事对你的重要性	问题类型	在什么情况下你很好地解决了这样的难题；对，你在ABC项目中的工作非常出色；告诉我之前你是如何成功的？你看到了自己的哪些优秀特点
使用不当的影响	遵循自己而非对方的看法；没有与对方明确目标；太快建立框架	使用不当的影响	过度的赞赏略显不真实

图2-13 六种领导力风格的使用时机和提问类型

根据情境领导力研究结果，可将下属分为四种类型（如图2-14所示），不同类型的下属的干预方式是不同的，在管理中一定要做到因人而异。

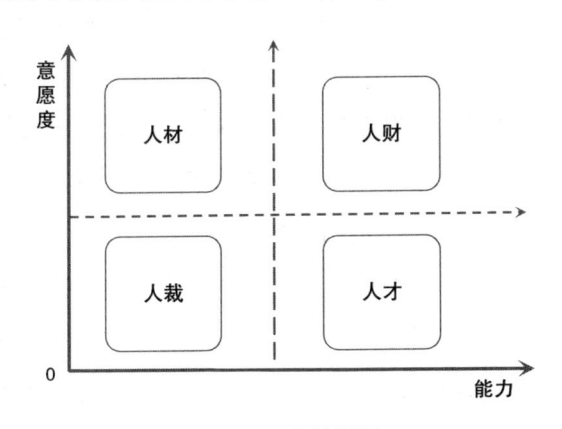

图2-14 四种类型

我们可以把下属按两个维度进行区分：一个是工作的意愿度；另一个是工作的能力。这样就可以划分出四类不同的员工。

右上角双高的，即意愿度和能力都高，我们把这种人称为"人财"。他们可以为企业创造价值和财富，企业中这类员工还是少数的。左上角的工作意愿度很高，可是工作能力还不够，这种类型以刚入职的新人居多，特别是应届毕业生。"我愿意效犬马之劳，但是我不会。"这种人叫"人材"，他们是一块材料。左下角的这类员工，工作意愿低，工作能力也低，这种人也叫"人裁"，是很可能会被企业裁员的类型。再来看看右下角的这类员工，工作能力很强但意愿度不高。随着工作时间的推移，他们的工作能力在提升，但对工作的热情和意愿度却在下降，我们把这种人称为"人才"，他们有才华，也有一定的危害性。

千万不要随意地给下属贴标签，怎么评估一个人处于哪种类型，不是仅由这个人来决定的，同时也由这个人面对的工作任务来决定的。比如，一个销售人员谈客户能力超强，意愿度也超强，绝对的"人财"。谈完之后，他要回去写方案。然而，面对写方案这件事，他是能力也不行，意愿度也不够。所以，这个人前面是"人财"，后面就变成了"人裁"。同一个人在面对不同的任务时可能状态不同，这是我们要注意的第一点。第二点，要建立一种信念：任何人都有改变的可能，只要方法得当。

接下来，我们来看看销售教练如何管理/干预不同类型的员工。

经过评估，你发现下属A在面对当下任务时是一个"人财"，你应该用什么方式来进行干预呢？如果你采用告知式，就会让他感到不被信任，因为他知道做什么和怎么做，也许比你的想法更多更好，所以，我们在面对"人财"时，要采用"催化+支持"的组合方式。

再来看看"人材"。"人材"意愿度高，但不知道该怎么做，这里我们采用"告知+信息"的组合方式更合适。下属把这个任务领回去做了，但在做的过程中不可避免地会犯错误。一旦发生错误，你要敢于质询他，但不能只是质询就结束了，质询后要接导泻，这样他才能愿意接受你对他的指正，这是对待"人材"的方式。

对于"人裁"而言，因为意愿度低，所以需要先采用导泻的方式关注对方的感受和情绪，只有意愿度提高了，才有可能产生行动力，否则他的能力无法得到提升。如果他是一个潜在的"人材"，这招对他有用；如果他是一个绝对的"人裁"，可能导泻了也没用，那么你可以将六种组合方式全部用一遍，如果再没用，就算了。

面对"人才"怎么办？"人才"产生的原因是长时间对企业的期待没有得到满足，所以创建了大量的负面情绪。因为负面情绪的存在，我们就应该从导泻开始启动，一旦导泻产生了一定的效果，建议介入质询去挑战他，"过去的你为什么会这样？"最后，再用导泻来结束。如果这种干预成功了，他就能在意愿度上发生变化，他就能够走向"人财"，我们再用面对"人财"的方式进行干预就可以了。

面对四种不同的人，一定要采用不同的干预方法（如图2-15所示）。在这六种干预方式中，你有没有发现导泻的使用频率特别高。但是导泻的得分在六个维度中是比较低的，说明我们在这项能力上有所欠缺，那么怎么进行调整呢？在我们的问卷当中提供了10项导泻的具体行为，找到其中分数最低的两项行为，提升它发生的频率，就可以提升你的这项能力。

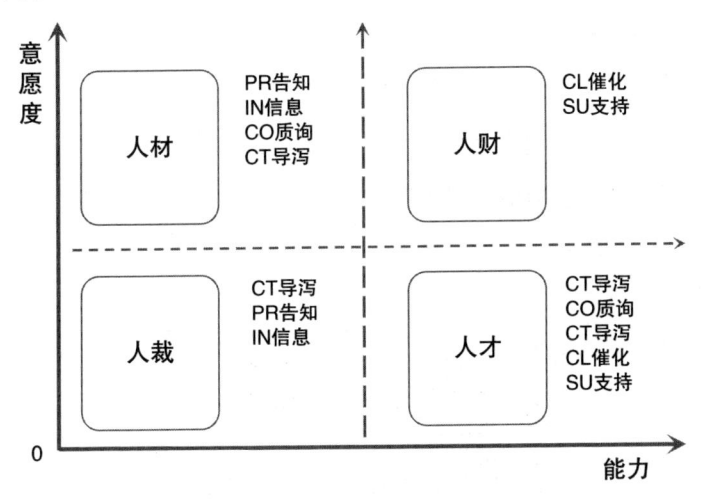

图2-15　不同的人采用不同的干预方法

一个好的销售教练绝对不会只依赖一种干预方式，他会将多种干预方式糅合在一起使用。

本招小结

1. 激发的启动：

激发的原理是要让对方感受到丰盛而有兴趣，这样对方才会产生感激和幸福，反之则会产生抱怨和不幸福。只有先解决了"你是谁"的问题，我们才能关注到自己的信念到底是什么。

2. 信念的建立：

（1）销售教练永远都相信人是可以的；

（2）任何人的行为背后都有一个积极正向的意图和动机；

（3）人都是有资源的；

（4）人都会为自己做出最好的选择；

（5）改变是不可避免的。

3. 能量的提升。

4. 思维的转变：

（1）变"强将"思维为支持；

（2）培养下属承担责任的能力；

（3）变控制为影响式管理；

（4）追求效率和效能的平衡。

5. 干预的发生：

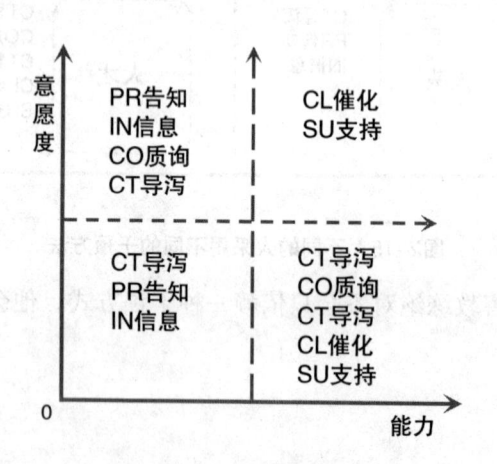

```
意          ↑
愿    PR告知    CL催化
度    IN信息    SU支持
      CO质询
      CT导泻
      - - - - - - - - - →
      CT导泻    CT导泻
      PR告知    CO质询
      IN信息    CT导泻
                CL催化
                SU支持
      0                 能力 →
```

图2-16　干预方法

（1）不要帮下属养"猴子"，谁的"猴子"谁来养；

（2）不要给下属贴标签，员工类型和员工的工作内容有关，不仅仅和人有关。

第三招

管理好销售数据和流程

很多公司都有一间隐秘的会议室，这间特殊的会议室就是公司高层领导每周开会讨论业绩和制订战略的地方。会议室的墙上通常会挂着很多销售业绩报告，从财务预测到销售人员这一年所拜访的客户的统计。特别是在年底制订下一年的指标前，销售管理者们需要从公司CRM系统中提取出各种实时数据，做成五颜六色的图表供老板们决策。这些数据可以按产品线、区域、客户群、销售周期的不同阶段进行分类。数据可以细分到任何你能想象到的维度。这个场景可能会让所有企业高管感到惊艳。产品销售、销售漏斗的大小、销售活动、输赢率、利润、营收预测等，每一个报告出来的数字都被清楚地贴在了墙上，等待着销售经理们还原出清晰准确的市场态势，并向销售一线员工发布紧急指令：

销售机会总量太少了？快让销售人员去寻找更多的潜在客户！

利润下降了？告诉一线销售经理要把控好局面！

预测不准？让销售人员更加频繁地更新数据。

……

毫无疑问，这样的例会是紧张的、聚焦的、重要的。大家都有一套自己得心应手的报表用来检查业务的进展情况，以明确需要做什么来达成目标。

1. CRM报表的错觉

实际上，在过去十年和我合作的公司里，每家公司或多或少运用了一些新科技来支持销售活动。CRM系统早已普及且日渐显现出重要的集合销售活动的作用。这也催生出更多、更精细的报表。数据的完备会让销售管理团队将市场看似纷繁复杂的形势分析得更加清晰、透彻。

真的可以完全掌控一切吗？报表上的数据到底为我们带来了什么？很多时候，实时查看销售业绩和一线销售活动会让我们产生一种对销售团队行动全面掌控的错觉。然而，观察业绩和活动并不意味着我们可以掌控市场和消费者。我举个例子，大家就知道了。

儿子还在上小学二年级时的一天，因为我临时有事，就让他自己到门口的麦当劳买午餐。但是，当我办完事疾步返回时，在小区门口，我被看到的情景吓呆了：一只大型犬正一声不响地盯着我儿子，而狗的主人就在附近聊天。当狗主人瞥见我惊恐的表情时，她健步如飞地冲向她的狗，顺便拉起了绳子，试图和我辩解说："别担心，我看着它呢，我家狗不咬人。"我当时又急又气，怒吼道："你是要看着狗咬了人才算咬人吗？狗不咬你，不代表它不咬陌生人。"

同样，仅仅看着这些数据并不能真正指导销售团队如何行动。关注销售活动相关的数据，例如客户拜访次数和客户关键人接触比例，这些数据也会给我们一种参与销售活动的错觉。然而，这就像我们眼看着狗靠近孩子，希望他们不会被咬一样，我们能看见危险可能会发生，但无法管控结果。尽管我们花费了大量精力获取了各种销售结果报表，但它们并不一定能帮助我们更好地管理销售团队的业绩。也就是说，看得更清楚，不一定代表管理得更好。在被视为"表哥""表姐"之前，我们必须明确声明我们热爱数据。实际上，如果没有可靠的数据来评估销售业绩、分析事件、发现趋势并向销售团队下达可执行的命令，就无法在当今复杂的商业环境中管理销售团队。在会议室中的分析和讨论，往往只是重复一个命令："销售人员，越多越好""去见更多的客户""发现更多的机会，赢得更多的订单"——仿佛所有问题都能用一个"多"字来解决。令人担忧的是，CRM为我们提供了更强大且复杂的分析功能，但我们给销售经理和销售人员的反馈却仅限于"多做"。

"多做"这个咒语看似能帮助我们加强控制，但实际上就像我对18个月大的女儿说别摔倒一样无力。她不会理解这是什么意思，而最终的结果只能靠运气。

2. 问题的根源

近几年来，我们见证了时代的变化和技术的创新，如CRM。现在我们可以生成非常详细的报告来反映销售活动和结果。在销售管理的历史上，我们从未有过如此多的数据，而未来只会更多。未来的挑战可能不是数据太少，而是数据太多，信息泛滥。即使今天，我们已经看到了一些公司的"数据麻木症"，过多的数据削弱了人的决策能力，而报表的初衷应该是帮助人们做出决策。

我们的业务从几千万做到几亿甚至几十亿，信息量也会成倍地增加，却很难更主动地影响销售绩效。我们知道发生了什么，知道正在发生什么，却不能比以前更好地掌控局势和未来。我们到底缺失了或做错了什么？

其实，我们缺少了最基本的东西——了解销售团队的数字如何发挥作用！报表里的数据哪些是输入，哪些是输出？哪些是原因，哪些是结果？如果我想改变这个数字，应该从何入手？如果我们理解了这些数字之间的关系，我们就能更好地管理它们。需要更多收入？没问题，这样做。想要更多客户数量？别担心，那样做。这就是今天的销售管理者还没有理解或者忽略的层面。他们只是简单地下了一个结论：需要更多营收？多做。想要更多客户？多做。但结果就是营收和客户都没有更多，这就是CRM带来的问题。它让我们看到了销售团队在做什么，却不能指导我们该拿看到的东西做什么。

3. 独特的销售管理路径

当信息技术最终应用于销售部门时，几乎没有可以自动化的部分。销售团队几乎没有正式的运营指导。在某种程度上，销售部门只是将自身的混乱进行了自动化。原本自动化项目应该从定义和规划销售流程开始，但销售部门却从设计报表开始。技术本应用于支持关键销售活动，但销售部门却认为信息技术具有独立的价值。我的一位客户甚至承认，他们当初只想先部署

CRM，然后再考虑定义流程的问题。在使用系统两年后，他们不得不请我为他们重新规划体系。

我们确信这是CRM没能帮忙管控销售环境的重要原因。不是因为CRM的价值被高估了，也不是实施中出现了纰漏，而是销售领导们看到信息技术给财务、制造、市场营销部门所带来的革新后，理所当然地认为它也应该给销售部门带来同样的革新。但是，期待的革新并没有发生。它没有发生是因为跟之前成功的兄弟部门不同，销售部门没有自己成熟的管理机制。

我们已经有了拼图所需的各个图块，却还没有集中精力把整幅图拼出来，因为我们还没有破解销售管理的密码。所以，我们需要推进建立严密的销售管理机制。通过深入研究多家销售业绩卓越的公司如何使用衡量指标管理销售团队，能把"销售作战指挥室"里的活动真正与一线连接起来。它能帮助那些在数据海洋中迷茫的销售经理专注于几个真正有用的衡量指标；它能帮助销售部门的管理者发布可执行的命令；它能为如何完善销售业绩报表提供一个具有指导意义的框架；它能最终破解销售管理的密码。

4. 销售教练能管理哪些数字

销售教练每周需要投入大量时间整理包含销售活动和产能的报表，同时还需要花费很多时间与销售人员一起审查这些报告，分析问题并寻求改善方案。在很大程度上，报告已成为销售团队最基本的管理工具。

有意思的是，公司里的每一个人都在暗暗期待：如果销售经理付出了足够的努力，他们就能改变报表上的数字，让形势向好的方向发展。大家心照不宣地认为，销售经理的职责就是使报表数字看起来很漂亮。实际上，"完成你的销售数字"这句话在销售管理的字典里已成为和"早上好"一样的日常用语。确实，销售管理关乎"完成销售数字"，但销售教练们凭借足够的意愿和努力，就能真正"管理"好数字了吗？答案当然是不能。我们能管理人和资源，但不能管理概念和数字。

然而，销售经理们往往被要求管理营收、利润、客户满意度等许多衡量指标，他们也认为这是他们的职责所在，管理数字是他们最重要的工作。看着销售经理们手持一叠报表穿梭于各种会议之间，我们开始担忧了。销售领导们在会议室里满怀信心地制订销售战略计划，但墙上的数字真的会因此变得更漂亮吗？销售教练们被要求管理数字，可能成千上万的销售教练也在努力做到这一点。

为了更全面地评估这种报表驱动的销售管理方式，曾有一项调查，具体来说，就是要求销售部门的领导们列出他们认为对提升销售绩效最有意义的数据要素。最后，共收集到超过300个销售管理者们认为对销售绩效有帮助的衡量指标。

当机构研究这些指标时，有一些有趣的发现，也有一些令人担忧的问题，具体如图3-1所示：

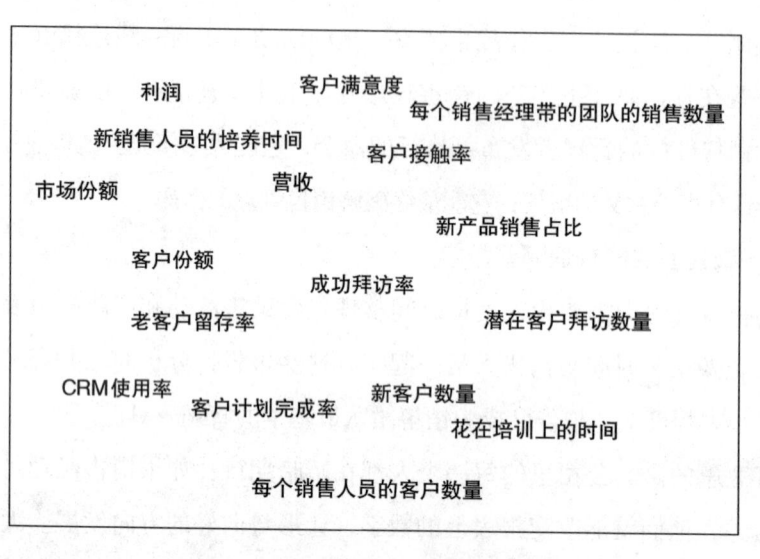

```
          客户满意度
    利润              每个销售经理带的团队的销售数量
  新销售人员的培养时间
                客户接触率
  市场份额    营收
                    新产品销售占比
        客户份额
              成功拜访率
      老客户留存率      潜在客户拜访数量
   CRM使用率    新客户数量
          客户计划完成率   花在培训上的时间
         每个销售人员的客户数量
```

图3-1 调研的部分销售管控指标展示

有些公司的销售管控指标列了近二十个，具体的指标却很少。还有一些公司列出了十几个不同的指标，混乱没有顺序。有一家外企的销售副总说他只需要三个指标就能管理整个销售团队。还有一些人的回答含糊不清，无法明确他们到底想衡量什么。

有些公司按照职能进行划分，报表分别衡量招聘、培训、领导力、技术和销售流程。有些公司将所有衡量指标混在一起，包括营收、客户满意度、市场划分、预测准确度、人才管理和销售机会管道等。有些较小的公司则简单地将指标分为内部和外部两类。即使按照他们自己的分类，有时也难以解释。例如，客户留存率可能并未放在客户满意度项下；营业收入则会出现在所有分类中，因为大家认为营业收入既是外部指标也是内部指标；销售人员在客户身上花费的时间占比可能被算在组织费用中。衡量似乎无处不在，我们可以有很多原因来解释为什么不同的指标会看似随机地被分门别类。这可能是因为产生报表的系统不同，可能是因为这些指标来自组织内不同的部门，也可能是因为这些报告是为了满足不同决策者的兴趣。无论什么原因，销售团队衡量指标的混乱情况清楚地表明了销售指标分类的最佳标准还没有建立起来。为了找到销售管理和销售衡量指标之间的合理关系，我带大家一起来分析一下。

我们到底能管理什么？每个指标反映的信息就像战场上的将军要处理的战报一样，我们要跟随这些随机的数字，看看它们会将我们引向何处，能否让我们最终找到一个销售管控指标统一的框架呢？对于这场艰难的旅程，我们该从哪里迈出第一步呢？我们选择了一个问题作为向导，希望这个问题能帮助我们破解销售管理的密码。关键点就是："我们能管理这个数字吗？"

第一步：清晰地定义什么是"管理"。当我们说可以管理这个数字时，到底是指什么？本书中，我们对"管理"的定义是销售教练可以让销售人员做些不一样的事情从而直接影响这个指标，也就是说，它们能指导或开展哪些活动，而这些活动毫无疑问能改变这个数字。不需要别人决定或同意，销售教练可以直接管控这个数字。

对于很多被考核的数字指标，我们要不断地问自己："我能管理你吗？"

——"辅导销售人员的时间"，我能管理你吗？销售教练当然可以花更多的时间辅导销售人员，所以它是可以被管理的。

——"每个销售人员的周拜访量"，我能管理你吗？销售教练当然可以要求他的销售人员多拜访客户，所以它是可以被管理的。

——"销售利润"，我能管理你吗？答案是不能。销售教练可以要求销售代表采取一些行动来提升这个数字，但它是不能直接被管理的。

——"提升已合作客户的订单占比"，我能管理你吗？答案是不能。销售教练可以要求销售代表采取一些行动来增加这一可能性，但只要客户不同意，这个数字就无法改变。那些不需要别人决策和同意的数字，才是我们可以管理的数字。

——"客户方案完成效率"，我能管理你吗？当然是可以的。

在组织中，这样的情况同样存在，有些指标可以直接被管理，有些却不能，只能被影响，唯一能被管理的数字是我们自身的行为。我们要学会区分这些数字，这就是破解销售管理的密码。

销售管理中有哪些关键的销售指标呢？这些销售指标和数字可以分为哪几类，哪些可以被管理，哪些不能被管理？接下来，我们来讨论一下这个问题。

我曾在第一招中将指标分为两大类：结果指标和行动指标，主要是为了说明"结果"和"行动"的区别。这里我们会将结果指标再细分为结果指标（组织指标）、管控指标和行动指标。

一、关键销售指标

我整理了一些公司的关键销售指标，如表3-1所示：

表3-1　一些公司的关键销售指标

序号	考核指标（数字）
1	每个销售人员的客户数量
2	客户方案的完成率
3	每个销售人员的客户拜访量

续表

序号	考核指标（数字）
4	销售培训费用
5	销售教练管理的销售人员数量
6	销售人员使用CRM的比例
7	销售业绩增长率
8	客户满意度
9	毛利
10	市场份额
11	客户留存率
12	销售新人培训时间
13	获客数量
14	客户订单合作占比
15	目标客户首次约访率

【测试】请尝试区分以上哪些是结果指标，哪些是管控指标，哪些是行动指标。

这里对于以上三类指标的定义如下：

结果指标是指一个组织的目标；

管控指标是指处于结果和行动之间数字指标，易于管理的可能性不大，却很容易被影响，它是连接销售活动和业务结果的路径，是销售部门独有的；

行动指标是指和一线销售活动息息相关的指标。

（一）结果指标

影响这个目标的因素已经超越了销售部门本身，它可能和财务部门、制造部门、生产部门、市场部门，甚至外部的竞争对手，以及整体的市场环境、经济状况都有关。比如，销售业绩增长率除了和销售部门本身相关外，还和市场情况、行业竞争、公司资源投入、产品研发、人员预算等都有关系，所以它不仅仅是销售部门可以把控的，这对我们来说可能是一个坏消息。好消息是结果指标也是可以通过管控指标和行动指标来间接影响达成，我们可以将注意力放到当下，集中在我们可以实际管控的事情上，特别是我们身边每天都在做的事情上。

表3-1中7~10属于结果指标。最常见的结果指标是财务指标、满意度指标、市场份额指标。

这里，我为大家总结出了常见的结果指标，如图3-2所示：

```
营业收入              利润
营业收入              利润
营收增长率            利润/员工
完成任务的销售人员比例  销售回报
 营收                 毛利润
销售人员
营收完成率
营收差
签单金额              销售机会管理/销售预测
营收增长量            销售机会大小
入账收入              目标客户增长量
销售平均产能          目标客户平均预估成交额
 收入                 目标客户总量
 员工                 6个月内销售机会预测
人效比                存量客户成交额
```
财务指标

```
客户                  员工
满意度                员工满意指数
客户满意度指数        员工推荐
推荐客户数            员工授权指数
满意率                合作团队满意度
业务便捷指数          CRM满意指数
客户满意度打分        员工留存
转介绍数              销售团队参与指数
客户忠诚度指数        ……
```
满意度指标

```
市场渗透
市场份额
市场占比
相对市场份额（与竞争对手对比）
```
市场份额指标

图3-2 常见的结果指标

1. 常见问题

销售教练每周都要和下属们一起检查他们的"数字"，并告诉他们怎样提升这些数字。虽然结果指标无法被直接管理，但销售教练们却乐此不疲。来看看下面这段对话，是不是有似曾相识的感觉呢。

经理："让我们一起来看看到目前为止你的销售业绩做得怎么样了？"

（经理和销售人员一起盯着pipeline报表）

销售人员："不太好，我的收入落下了，我觉得完成这个季度200万

第三招　管理好销售数据和流程

元的指标很难，要是完不成，那我的全年指标压力就更大了。"

经理："是的，我看到了！你觉得怎样才能赶上来呢？"

销售人员："我手上有不少销售机会，我正在积极联系客户。"

经理："很好，销售机会大吗？"

销售人员："我这里有500万元的销售机会，这些是有可能在年底前关单的。"

经理："那你必须赢得一半的单子，才能补上你今年的差距。从过去的记录来看，50%的赢单率有点难度！"

销售人员："是的，您说得对。"

经理："你的销售机会总数需要更大些才行，如果你想完成今年的指标，你需要有1000万元的销售机会。"

销售人员："嗯，您说得对，我记住了。"

经理："你觉得你可以在接下来的几个星期内取得更多的销售机会吗？"

销售人员："我觉得可以，我一定会更加努力地工作！"

经理："你能做到的。把你的销售机会总数做上去，你就能完成任务了。我相信你！"

销售人员："谢谢领导！我希望本月底就能有转机。"

经理："太好了，加油！"

这个案例让我们发现，销售教练喜欢管理类似于销售业绩和销售机会这样的结果指标，但实际上结果指标是无法被直接管理的。就好像我们对自己说："你需要减肥，如果下次你能让自己变瘦一点，你看上去就不会那么胖了。"正确的废话。检查结果指标，然后告诉下属去改变这个结果指标并不是一个有效的干预方式。更有效的对话是帮助下属选择销售管控指标，引导他们转到正确的方向，并最终落实到帮助他们达成销售目标的行动指标上来。

2. 应对方法

我们再来看看下面这段对话，也许可以给我们一些启发。

经理："你的销售机会总数需要进一步扩大。要完成任务，还需要1000万元的销售机会呢！"

销售人员："是的，您说的没错。"

经理："那么，如何增加你的销售机会呢？"

销售人员："有几个策略：我可以寻找更多的项目或者将手头的几个项目做得更大。"（两个管控指标）

经理："这两个目标哪个更容易实现呢？"

销售人员："我觉得我很难找到更多的销售机会，我已经付出了很多努力。我需要去搞定一些大项目。"

经理："好的，你打算如何实现这个目标呢？"

销售人员："我可以专注于销售我们的高端产品线，它们的价格比其他产品高50%。"（另一个管控指标）

经理："我喜欢这个思路。未来几个月，你打算如何在你的销售机会中增加一些大项目呢？"（回到前面的管控指标）

销售人员："我将停止拜访小客户，将精力集中在大的潜在客户上，即年收入在1亿元以上的公司。这些公司更认可我们产品的附加值。"

经理："这听起来是一个好计划。我们是否可以设定目标，在本季度末，你的销售机会里要包含50%的1亿元以上的大公司高端产品线的销售机会？"

销售人员："没问题，我会全力以赴的。"

经理："太好了，去干吧！"

在这段对话中，销售教练没有只告诉销售人员"多做"就结束了，而是指导下属梳理了能达成结果的管控指标以及拆解到具体的销售行动，这就是从管理结果到管理行动的转变。这可以切实地帮助销售教练更好地管控好团队的业绩。

从结果指标反推到管控指标，再分解到行动指标就能形成"行动—过程—结果"的管理路径。因此，我们需要往下一层看看管控指标是如何实现结果指标的达成的。

（二）管控指标

在行动指标和结果指标之间还存在连接两者的"管控指标"，它保证了销售行动和组织目标的一致性。这类指标既让销售教练们觉得只要付出努力就能管理好它们，又感觉它们非常容易受影响，不太好管理，因为这些指标不像打电话、完成客户方案那样具体，也不像市场份额、毛利率、客户满意度那样对组织具有普遍价值，除销售部门外的其他部门根本不在乎，这些指标是销售部门独有的，它们就是管控指标，在所有指标中占了59%之多，如图3-3所示：

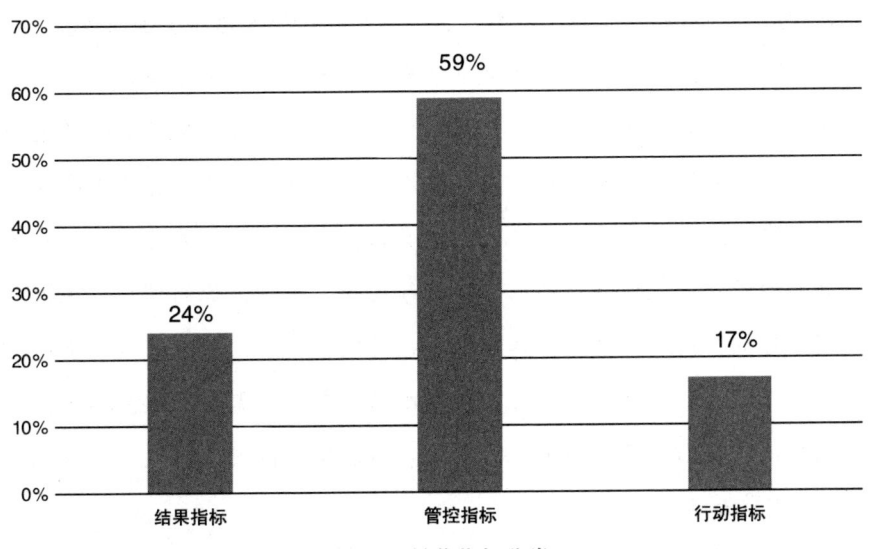

图3-3 销售指标分类

表3-1中11~15属于管控指标。

也许你要问："销售管理真的需要这么复杂吗？"不完全是。当你的销售组织成长，销售团队不断扩大，销售管理自然而然就会变得复杂，因为管理需要更精细化。二十年来，我经历了人力资源服务从简单到复杂的过程，能很好地说明这个问题。

假设二十年前，你是一名人力资源服务的创业者。你发现越是大型的、需要快速扩张的企业越需要一种服务，就是为全国各地的员工在当地缴纳社保（以下简称"社保代理"和"社保派遣"服务，合并称为"社保服务"）提供保障。因为当时的国家政策要求只有在当地注册的企业才能开立社保账户，而当时很多公司仅在各地有办事处，开不了社保账户。就算是能开社保账户的企业，在当地也没必要再设置一个人力资源岗位，因为采用社保外包服务更划算。你是企业的销售人员，你找到了全国的合作供应商作为你的下级合作伙伴，协助你为客户提供专业的社保服务。没想到，市场反应很好，因为当时中国的经济发展吸引了大量的创业企业和外企涌入，它们需要了解国内政策的专业企业为它们提供服务，后来你只招了一名销售人员就能轻松开启了全国业务。

第二年，社保服务市场需求旺盛，一个销售人员已经忙不过来了，于是你在省会城市又招聘了几名销售人员。你发现社保服务的最理想客户是那些大规模企业（人数在1000人以上，全国各地省会城市有分公司或办事处），因此你决定专注在这类客户上，客户随着你的精细化运作开始稳步增加，你公司的业务在持续增长。此时，你的销售团队很好管理。每周，销售人员们会搜集很多销售线索，经过筛选，找到那些大企业，然后逐一电话联系约访，最终成功签单。不需要你过多参与，你的销售团队就已占领了整个上海市场。随着市场被慢慢打开，事情也开始变得复杂起来。

上海市场已是你一家独大，是时候把业务扩展到更多的城市了，你觉得也是时候扩充自己的销售团队了，但是你需要多少个销售人员呢？又该把他们安排到哪些区域最有效呢？虽然过去几年你挣了不少钱，但新的规划需要的投资也不是一个小数目，你需要三思而后行。一个城市的销售人员太少，你会错失掉很多商机；但如果一个地方的销售人员太多，既会给你增加人力成本，也会增加业务冲突的机会，怎么部署才能合理配置销售团队呢？这个问题既复杂又需要策略。除了如何有效部署销售团队，你还在担心怎么才能招聘到好的销售人员。在过去几年中，你注意到有两名销售人员的业绩遥遥领先。如果现在你计划在其他城市招20名远程销售人员，就需要确保招聘来的人都具有合适的技能而且是你需要的类型，这也许比决定招多少销售人员要重要得多。

你发现你适合创业，却不是一个销售管理专家，你决定找一位销售副总裁来帮你建立和扩大销售团队。事实证明，你找来的这位销售副总裁张总是一个名副其实的高手。因为在接下来的12个月中，他成功地在全国主要的大城市部署有能力的销售经理和销售人员。很快，你的业务在全国范围内得到了快速增长。你的公司已经赚了不少钱，也引入了一些投资者，投资人都高喊着要继续扩张。因此，你招了一名市场副总裁李总来扩大公司的业务版图。经过大量的市场调研后，李总得出的结论是公司新的市场机会蕴藏在小客户身上，如果想要公司继续保持目前的高增长，就必须下沉自己的市场覆盖，把目标客户扩展到中小型客户身上。这听上去是一个不错的市场策略，但针对新的客户群体，销售人员将面临新的挑战。目前公司提供的服务是为大规模客户量身打造的，这也是它能在这类客户中如此成功的原因。如果想按新的发展战略打开新的市场，你需要开发出适合中小客户的新服务类型。好在作为一名优秀的创新者，仅仅用了3个月，你就推出了新的服务套餐。此时距离企业初创已过去三年时间，你回忆起那时只有一个产品、一类客户和一名销售人员，生意不断自己找上门来，现在公司拥有了多类产品、多个客户群、遍及全国的销售团队和一群等着你实现高业务增长承诺的投资人，事情好像变得越来越复杂且难以预测了。抛开日益复杂的局面，新服务套餐的销售能否成功对公司的未来发展至关重要。它的成功取决于以下一些重要的决策：

* 你的销售团队还需要扩招多少人？
* 他们有能力同时卖好两条产品线吗？
* 你怎么才能确保精准锁定目标客户？
* 你怎么才能保证销售团队在卖正确的产品？

三年前，当你的团队只有一个销售人员负责一项任务时，决策相对简单，你很怀念过去只需要少量收入就能过上美好生活的日子。但随着公司的不断发展，市场策略变得越来越复杂时，以前的一些做法已经不再适用。有些客户比其他客户更有价值，有些产品比其他产品更具优势，有些销售人员比其他销售人员更优秀。因此，行动必须更加精准化。

最近，我的一个客户——一位经验丰富的销售经理向我分享了他们销售组织的发展历程，你可能也听过类似的故事。他说："20年前我刚开始在这里工作时，我的经理递给我一本电话簿，说：'这是电话簿，去卖吧。'现在，我们的客户按优先级划分，市场部门不断推出新产品，我们需要销售人员将大量信息录入电脑，公司希望衡量这个衡量那个，简直要疯了！"

21世纪还在用电话簿管理销售团队的公司，要么是初创企业，要么是濒临破产的公司。招聘合适的销售人员、正确地部署任务、锁定合适的目标客户、销售合适的产品，这是唯一正确且能长期保持销售组织健康的公式。有些公司成功是因为瞄准了大客户，有些公司则因为瞄准了小客户，有些公司靠销售高端产品崛起，有些公司则因为销售基础产品而成功，有些公司需要高技能的销售人员……成功有很多途径，但历史告诉我们，失败的公司往往是那些什么都想做的公司——这就是我们需要销售管控指标的原因，因为它可以聚焦。

销售管控指标确实具有神奇的力量，可以帮助销售团队从无序混乱的状态转变为高效、战略聚焦的专业状态。它通过指导销售团队遵循"4个W"原则——Who（谁）、What（什么）、When（何时）和Where（哪里）来实现销售目标，引领销售组织沿着最直接的路径达成既定业务目标。成功不再仅仅依赖于不断拜访客户来完成销售目标。那是一场不断试错的马拉松，你可能赢也可能输。如今的成功是通过正确的客户拜访来实现正确的销售管控指标，从而完成你的销售任务——这是一个更快、更可预测的路径。为了展示销售管控指标的魔力以及作为管理工具的指标，让我们再次回到前面例子中提到的创业公司。

这次，想象你是销售副总裁张总。上周你见到了CEO，他看上去有点低落。面对董事会强大的压力，他对公司在未来三年中业绩翻番的承诺毫无底气。为了实现这个业务目标，他要求你带领的销售团队要保持每年至少25%的增长率。你在仔细考虑了需要怎么管理这个增长目标后，你认为"结果导向"是最好的解决方法。于是，你马上安排了一个每一位销售经理必须参加的电话会议，让他们了解公司目前的情况和你的期望：

感谢大家今天来参加会议。上周我与CEO会面，我想第一时间向大家分享公司的业务增长目标新变化。公司设定了未来两年收入翻番的增长目标，这意味着我们每个人都要在各自负责的区域内每年实现30%的增长率。我知道这高于我们之前承诺给公司的增长率，但我相信这是可以实现的。对我们来说，我们已经拥有全球范围的客户基础，现在我们又推出了价格更低的新服务套餐组合。基于你们过去的成功，我对你们团队的能力有信心，我相信你们会努力达到这个新的目标。和往常一样，我会一直支持你们。祝大家好运！

这个信息传达得明确而清晰：销售经理们需要想方设法实现每年30%的业务增长率。至于如何实现这个目标，就取决于他们自己了。让我们看看一些销售经理在会后的反应。在这种情况下，销售经理会让自己的销售人员做些什么呢？

销售经理A："天啊！要实现30%的业务增长率？开玩笑吧！怎么办？显然，我们不可能仅仅通过销售廉价的服务套餐来实现这个目标，这意味着我们需要卖出比原来多两倍的高价套餐。我会让我的销售人员竭尽全力去销售原套餐，否则我们完不成。"

销售经理B："天啊！要实现30%的业务增长率？真是疯了！但抱怨没有用，领导说得对，中小客户可能是我们新套餐最理想的目标客户。我想如果我们去找那些老客户，说服他们购买我们的新套餐，虽然新套餐服务少一些，但他们可以用原有的预算为更多员工购买，扩大享受福利的员工数量，还能为原套餐升级更多服务内容。对，就这样，这样做我们才能完成任务，我要大力推进新套餐的销售。"

销售经理C："天啊！要实现30%的业务增长率？我早就预见到这个目标了。总部真是敢给我们一线销售人员下大赌注。现在问题来了，我该如何达成这个目标？既然要求30%的业务增长率，就意味着销售人员要多做出30%的成绩。我会安排我的销售团队去开发他们所在城市以外的客户，我需要有比30%更多的销售机会让他们去跟进。虽然这很有挑战性，但我也只能冒险一试了。"

三位销售经理采取了三种不同的应对策略：第一位是忽略新产品；第二位是侵蚀原有产品线；第三位是盲目扩张地域范围。这些似乎都不符合CEO的期望。照这样下去，未来三年，他可能最需要向董事会解释的是为什么销售团队失去了方向。也许销售副总裁可以用另一种方法来规避这种无焦点的销售状况，即为销售经理们提供更多的销售管控指标，从而更好地指导他们的工作。

让我们再组织一次电话会议，好让你的销售经理们回到正确的方向上来。

感谢大家今天来参加会议。上周，我向大家分享了公司未来两年的收入增长目标。今天，我想继续与大家分享我们如何更快地实现这个目标。过去，你们在销售老产品套餐方面表现出色，我们的服务已经覆盖了国内众多大型客户。在上海，我们已经赢得了80%的大型客户。然而，我们认为仅仅依赖这些大客户无法实现新的突破，我们需要深入挖掘剩下20%的客户以实现下一个业务增长目标。因此，在继续关注大客户的同时，我们必须将销售重点转向那些适合购买我们新产品套餐的中小客户上。为此，我们设定了新套餐的销售目标，明年要达到总收入的30%，接下来的两年还要持续增长到50%、60%。我希望每个人都能根据这个销售目标调整自己的销售活动，尽量多地覆盖中小型客户。同时，为了帮助大家完成这次业务转型，你们的销售团队将在未来90天内接受新套餐产品的培训。我还希望收到一份你们认为合理的未来12个月的招聘计划。希望这次电话会议能让大家对我们的目标有更清晰的认识和更坚定的信心。谢谢大家！

与第一次令人头痛的电话会议不同，三位销售经理在会议后都明确了自己的销售管控指标——明年新套餐要实现30%的营业收入。他们还意识到需要在中小客户身上投入足够的精力以实现这个目标。此外，他们将为自己的销售团队安排产品培训，并决定为了实现后两年的增长目标需要招聘多少名销售人员。这是一个目标明确的行动计划。

从以上案例，我们可以看出明确销售管控指标的威力，它能促使销售人员按照公司的既定目标调整销售行为。而销售管控指标是管理团队愿景与销售人员实操之间经常会被忽略掉的关键连接。没有令人信服的销售管控指标，销售团队只能各自努力，自求多福；而有了令人信服的销售管控指标，销售团队才能使命必达。让一线销售人员统一行动，直接达成目标的最好方法就是制订清晰的管控指标。告诉下属你需要的结果，以及他们首先要达成哪些销售管控指标，就能实现这样的结果，然后相信他们会去执行。换句话说："我们需要增加30%的营收，这是你们需要做到的。"如果我是一个希望更好掌控一线销售活动的销售副总裁，我会更喜欢采用这种方法；如果我是一名喜欢清晰成功路径的销售经理，我也会喜欢这种方法；如果我是一个不想去忍受试错痛苦的销售人员，我依然会喜欢这种方法。因为它告诉我："这是终点，而这是到达那里最近的路线。"我们需要运用好销售管控指标的力量。

1. 最常见的四类管控指标

第一类指标是人效配比（如图3-4所示）。这类指标是衡量我们是否在正确的地方及合适时间部署了销售活动，使销售团队一直处在高产能、高效率的状态，能够保证足够的销售能力所需要的市场机会。销售团队必须人数适当、部署正确，才能充分执行公司的市场覆盖的策略。其主要包括以下几点：

- 市场机会的覆盖比例；
- 潜在目标客户的拜访比例；
- 销售的有效时间；
- 销售空职比例。

可用资源指标	精准指标	精准指标
· 招聘时间 · 新人上岗时间 · 产能期 · 销售时间占比 · 客户活动时间占比 · 总销售小时 · 离职率 · 胜任人员离职率 · 人员流动率 · 销售人员流动率 · 人员岗位空缺	· 销售覆盖准确度 · 客户覆盖比例 · 潜在客户覆盖比例 · 覆盖差距	· 拜访成本 · 销售成本在营收中的占比 · 销售成本 · 销售总体成本

图3-4 销售管控指标——"人效配比"参考

第二类指标是销售效力（如图3-5所示）。这个指标是用来评估销售团队的战斗力的，这些指标量化了销售人员是否能够高效地把公司的产品卖给目

第三招 管理好销售数据和流程

标客户。如果你有足够的销售人员覆盖，又有极具竞争力的销售力，那么公司就有了一支非常强大的销售团队。其主要包括以下几点：

- 交易成功率；
- 交易推进比例；
- 产品销售周期；
- 销售技巧；
- 谈判技巧；
- 销售教练辅导能力。

技能/知识
- 对产品信息的理解
- 完成个人发展目标的销售人员比例
- 培训技能提高指数
- 特定技能提高指数
- 能力评估指数
- 销售年限（跟业绩关联较弱）

整体效率
- 结单率
- 交易成败率
- 平均结单率
- 赢单百分比
- 输单复盘
- 单个销售人员完成的成交数量
- 单个销售人员的拜访量

销售周期进展
- 各阶段项目推进比例
- 销售机会实现率
- 预测成交实现率
- 每一销售阶段的成交比例
- 每一销售阶段单个销售人员的营业额
- 方案成功率
- 阶段客户转换率
- 阶段项目数/销售
- 阶段转换最差的原因
- 阶段内销售机会比例
- 阶段间项目转换率

价格/谈判
- 价格实现率
- 单个销售人员的定价效率
- 价格变化
- 折扣价格售卖成交比
- 平均折扣水平
- 议价空间

经理
- 辅导质量指数
- 辅导质量
- 销售预测准确度
- 经理预测准确性

图3-5　销售管控指标——"销售效力"参考

第三类指标是客户筛选（如图3-6所示）。这些指标是用来衡量、吸引、维护、发展公司需要的客户类型。无论公司是想专注于新客户、老客户，还是其他类型的客户，这些指标都可以用来指导销售人员去开发客户资源。我们要问自己：我们是否瞄准了正确的客户？其主要包括以下几点：

- 新客户带来的收入；
- 重要客户的收入增长；
- 客户留存率；
- 客户供应商支出占比。

获取新客户
- 新客户营业收入
- 客户获取率
- 新客户数量
- 新业务量
- 新业务类别
- 新机构业务量
- 新业务赢得的新客户项目
- CRM中新客户联系人

维护发展现有客户
- 客户供应商金额占比
- 客户供应商金额大小
- 客户留存比例
- 客户活跃比例
- 老客户的营收额
- 每个客户的留存营收额
- 业务留存率
- 客户重复购买率
- 客户数量

- 活跃客户数量
- 客户关系维持周期
- 采购频率
- 平均购买间隔
- 盈亏客户终结时间
- 客户关系平均周期
- 客户不活跃数
- 客户重新激活比例
- 老客户营收额
- 客户留存率
- 客户留存比例
- 现有客户的老业务量
- 维护客户的营业额
- 重点客户的营收增长
- 客户业务转化率
- 客户渗透率
- 客户平均利润率
- 客户利润率

客户组成
- 营业额／客户群（2）
- 客户多元化
- 客户群渗透率
- 新老客户业务比
- 重点客户群业务占比
- 客户渗透率／客户类别
- 国际业务与国内业务比例
- 营业额／客户类别
- 营业额／销售周期／客户类别
- 各客户群市场份额
- 各客户类别拜访数量

图3-6 销售管控指标——"筛选客户"参考

第四类指标是筛选产品（如图3-7所示）。我们要问自己："我们是在销售正确的产品吗？"这些指标用来衡量公司所希望销售的产品和服务，无论是利润高的产品还是具有战略意义的产品，都是为了让销售团队将正确的产品推向市场。其主要包括以下几点：

- 营业收入/产品类别；
- 重点产品的收入占比；
- 每个销售人员卖出某种重点产品的数量；
- 组合销售率。

再次强调一下，管控指标无法被直接管理，必须要有匹配的销售行动来影响。比如，你不能马上拥有更多的销售人员，但是你可以开始招聘；你不能命令销售人员掌握更多的技能，但是你可以马上培训；你不能马上获得更多的新客户，但你可以要求销售人员做更多的客户拜访；你不能改变目前的产品结构，但你可以要求销售人员在客户拜访中多提及某些产品。

产品大小
- 平均项目规模
- 一定规模的订单成交率
- 平均合同金额
- 项目规模
- 平均销售价格
- 大型采购项目数量

产品种类
- 各类产品营收
- 各类产品营收差
- 各类产品新客户数量
- 各类产品客户渗透率
- 供应商收入
- 重点产品营业收入
- 各产品线收入
- 各产品各销售阶段收入
- 有效新产品发布
- 跨产品线产品收入
- 产品多元化程度（项目数量）

- 跨产品线销售台数
- 盈利产品数量
- 结单产品数量
- 各类产品销售机会收入额的数量
- 产品组合
- 各类产品销售机会数量

产品数量
- 产品数量
- 销售单位量
- 销售数／人员数

产品重点
- 附加销售
- 组合销售
- 附加销售率
- 组合销售率
- 跨产品线销售比例
- 每个客户购买某一产品线子产品的数量
- 组合销售产品数量
- 各类产品潜在客户数量
- 每位销售人员特殊产品售卖数量
- 各产品线销售人员数量
- 产品线扩充

图3-7　销售管控指标——"筛选产品"参考

销售管控指标（如图3-8所示）不总是由销售教练们自行决定，有时候市场部和公司高层也在决定谁是目标客户以及应该销售哪些产品。但是，一旦管控指标和业绩指标确定了，就完全是销售教练的责任了。

人效配比
- 在正确的地方部署了正确数量的销售人员，合理分配了销售活动时间

销售效力
- 高效的战斗力成功拿下客户

筛选客户
- 找到正确的客户

筛选产品
- 销售符合公司战略的正确产品

图3-8　销售管控指标

2. 问题及应对

第一类管控指标人效配比，是这四项当中最容易被忽略的，因为它不太好计算。可以试想一下，如果我们的销售人员数比需要的少了将近一半，但必须要在规定的时间内完成目标客户的拜访量，只会出现两种结果：要么销售人员会非常疲惫，他们的胜算会降低；要么会和很多潜在客户擦肩而过，机会成本提升。无论哪种情况，都会阻碍我们达成结果指标。

3. 总结

如果结合第一招中所说的"结果指标"和"行动指标"，你也可以理解此处的"结果指标"是指一个大目标的结果，此处的"管控指标"是指一个小目标的结果，即只有完成销售部门的目标，整个公司的目标才有可能被完成。四类销量管控指标的作用及举例如表3-2所示：

表3-2　四类销售管控指标的作用及举例

销售管控指标	指标作用	指标举例
人效配比	在正确的地方部署了正确数量的销售人员，合理分配了销售活动时间	有效销售时间 客户拜访率 客户覆盖比例
销售效力	高效的战斗力成功拿下客户	成交率 销售周期 能力提高
筛选客户	找到正确的客户	新客户数 客户流失率 客户合作金额占比
筛选产品	销售符合公司战略的正确产品	营业收入/产品 客单价 组合销售率

（三）行动指标

在曾经整理的所有销售指标中，仅有17%的指标是可以直接影响和管理的，这类指标被称为行动指标。行动指标是完全靠我们自己把控的，比如前面提到的销售教练辅导下属的时间、每个销售每周平均拜访量、完成客户方案的数量等。销售人员为了业绩增长会不停地打电话、起草客户方案，希望客户能从自己这里购买更多的产品，这些都是能看得到的，都属于行动指标。而我们很难感知到的是销售收入、客户复购率等，这些都是具体行为引发的结果，而且不受我们的把控，所以不属于行动指标。这三类指标的关系是上一层是下一层指标的结果，如图3-9所示：

图3-9 销售指标的因果关系

表3-1中1~6属于行动指标。

销售行动指标只占了所有指标的17%，这多少让人有些失望，但这也说明大家对于结果指标和管控指标更为重视，而对影响管控指标和结果指标的行动指标却不够重视。如果80%以上的管理指标都在别处，没人会关注"行动"本身，那其他80%的指标也将无法完成。

为什么销售教练不愿意去关注行动指标？我总结了一下，主要有两个方面的原因。第一个原因是行动的数据太难收集，往往需要销售人员手动输入。销售教练不愿意让销售人员将时间花在数据输入上，同时，他们也不相信销售人员输入的信息都是真实的。我们经常会听到销售人员说："你难道想让我在办公室里输入数据而不去拜访客户吗？"第二个原因是销售教练自己也不愿意看到那么多的行动数据，因为对于行动的过程管理是非常痛苦的细节管理，这种管理可能不是某一天的心血来潮，甚至是需要每天重复的枯燥工作，数据越多，工作量越大。但是，无论如何，行动数据的管理和更多行动指标的设定都是必要和必需的。

很多销售管理者根本不知道自己的销售人员每天都在做些什么，他们喜欢采用简单粗暴的管理方式，即以结果为导向的管理方法：招聘销售人员，支付高额提成，然后就是一句："这是你的指标，去找客户吧！"如果销售业绩还说得过去，暂时不会有什么问题，一旦营收下降，就会将销售管理者置于一个非常尴尬的境地。如果我们没有销售流程和衡量销售行动的方法，我们就没办法管控下属的销售行为。

二 五大销售流程

根据不同的销售结果，我将大部分企业的销售流程总结归纳为以下五类，具体如图3-10所示：

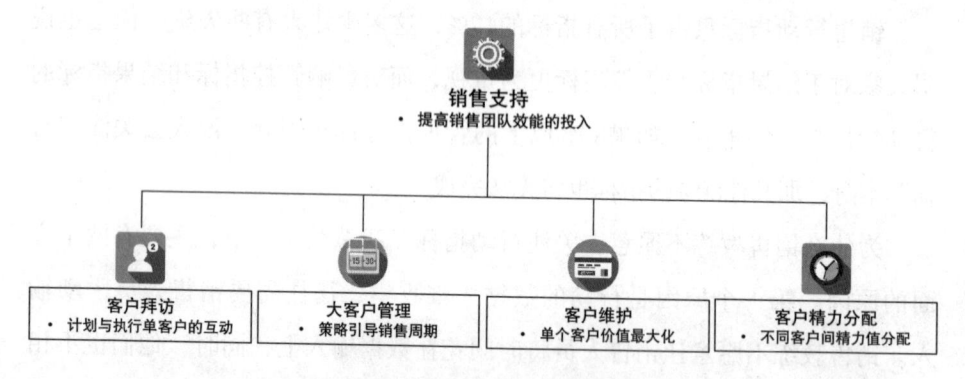

```
                        销售支持
                  · 提高销售团队效能的投入
        ┌───────────┬──────────┬──────────┐
    客户拜访      大客户管理    客户维护     客户精力分配
 · 计划与执行单   · 策略引导   · 单个客户   · 不同客户间
   客户的互动     销售周期     价值最大化    精力值分配
```

图3-10　销售五大流程

我们先来看看"客户拜访"流程中的行动指标，这些指标用于有效管理客户拜访。例如，销售人员花费在制订拜访计划上的时间比例和拜访计划的使用率，旨在确保销售会议和客户拜访的效率，引导销售人员进行客户拜访是销售流程中最关键的因素。

如果你的销售人员需要进行一系列（多次）销售拜访以赢得项目（一般项目是多部门多人决策的复杂项目），他们就需要进入第二个销售流程，即大客户管理。与大客户管理相关的衡量指标包括计划和执行程度,以确保销售人员能充分考虑每个项目。

如果销售人员与同一客户进行不同的销售项目,那就需要进入第三个流程,即客户维护流程。客户维护流程的衡量指标包括客户计划的完成率和每个客户的互动频率,以确保销售人员在现有客户身上投入足够的精力进行维护和发展。

作为一名销售人员,还需要管理许多客户并有效地分配自己的时间,因此需要使用客户精力管理。衡量指标包括客户拜访数量和各种客户会议数量,以跟踪销售人员是否在正确的客户身上投入了足够的销售活动。

第五个流程是销售支持流程,包括销售教练对销售人员的指导时间和员工培训投入,这些指标旨在确保销售人员获得所需的发展和支持,以提高他们的能力。销售支持指标被发现出现频率是最高的,具体如图3-11所示:

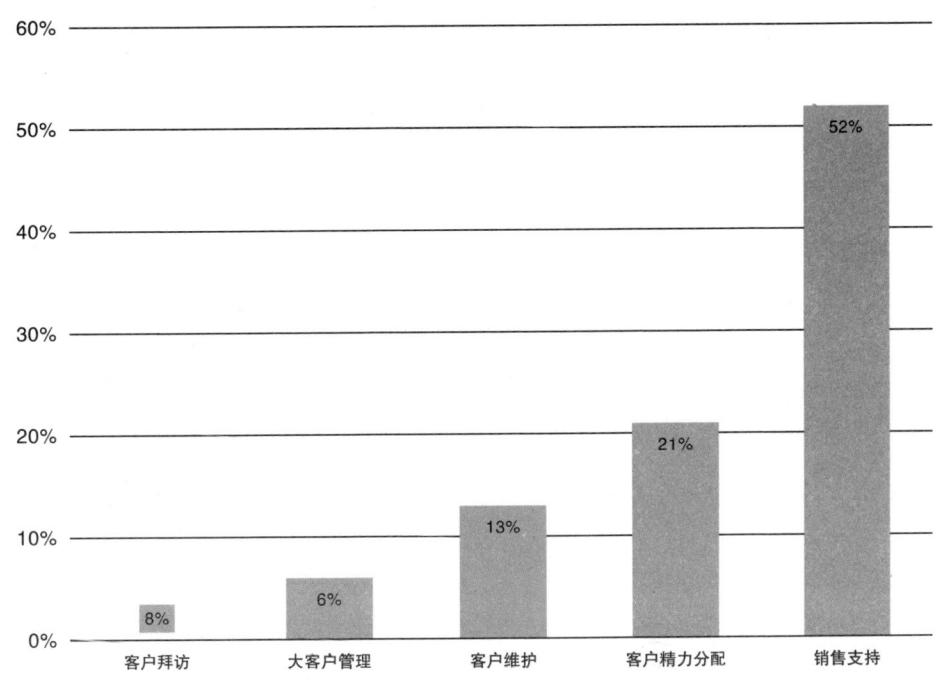

流程	占比
客户拜访	8%
大客户管理	6%
客户维护	13%
客户精力分配	21%
销售支持	52%

图3-11 按流程划分的销售行动占比

接下来,我们来总结一下每个销售流程的关键行动指标。

（一）客户拜访

客户拜访前需要先思考以下几个问题：

- 拜访的目的是什么？
- 客户可能的需求是什么？
- 需要跟客户讨论什么产品或服务？
- 需要从客户处收集的信息有哪些？
- 可能会遇到客户的哪些反对意见？
- 如何消除客户的反对意见？

如果没想好如何见客户，就不要急着出发。

客户拜访的管理是销售教练管控销售绩效最根本的方法，如图3-12所示：

- 做客户拜访计划的比例
- 拜访计划利用率
- 平均拜访时长

图3-12 销售行动指标——"客户拜访"参考

首先，销售教练和销售人员一起制订拜访计划的时候，计划的质量通常会变高。销售教练的经验可以帮助销售人员发现准备过程中疏漏的部分和瑕疵，共同完成计划会带来更好的拜访效果。其次，拜访计划流程是销售教练对销售人员进行辅导的最佳时机，可以迅速提升他们的销售能力。建立一支优秀的销售团队离不开销售教练的辅导。

（二）大客户管理

有一项调研资料显示，对于B2B的销售模式，销售人员平均要拜访客户3~12次才能签单。因此，我们不仅要管理每一次的客户拜访，还要有意识地思考如何在整个销售过程中在正确的时间对正确的人做正确的销售行为，以推进项目进展，这个流程被称为"大客户管理"（如图3-13所示）。

大客户管理通常是为了帮助销售人员全面思考该客户销售机会的相关问题，因此需要提前思考以下几个问题（大客户销售计划）：

- 这是一个合格的销售机会吗？
- 采购流程中的参与者是谁？
- 对他们来说什么是重要的？
- 谁是竞争对手？
- 我的竞争优势和劣势是什么？
- 我能给客户提供什么？为什么？
- 为了赢单我需要做什么？
- 我的销售的步骤是怎么样的？
- 我方谁应该参与到销售流程中？
- 我方参与者的职责是什么？

- 销售机会计划完成数量
- 被鉴别过的销售机会比例
- 某些特别产品被提及的数量
- 某类特殊客户被联系的数量
- 某些推动销售机会的重要行动

图3-13　销售行动指标——"大客户管理"参考

（三）客户维护

真正成功的销售不是一次性成交，而是客户持续地购买。你公司的收入大部分来自那些忠诚的客户，你和销售人员们需要非常小心地维护与他们的重要关系。客户维护能够确保公司对这类客户给予了额外的资源来增强其忠诚度，使公司从中盈利（如图3-14所示）。

客户计划是客户维护的一个重要工具，它通常包括以下问题：

- 客户的战略重点是什么？
- 我们怎么帮助客户实现它们？
- 我们从这个客户身上能得到什么？
- 我们需要先给到客户什么才能得到？
- 谁是关键决策人？
- 他们怎么认为我们？
- 我们下个月、下个季度、下一年或更长时间需要做什么？
- 我们公司的哪些人需要参与这些活动？
- 他们具体需要做什么？

客户计划的完成	客户活动
・客户计划完成比例	・与每个客户的活动数量
・客户计划完成数量	・与每个客户的联系频率
・准备好的客户计划比例	・针对每个客户的会议
	・提供过培训的客户数量

图3-14 销售行动指标——"客户维护"参考

重视客户维护的公司会告诉你这个流程对于增长客户有多么重要。如果你大部分的利润来自少数公司，那么重点客户的维护就成了重中之重。但即便如此，还是有两种行为会削弱销售人员的工作价值。

第一种是做了计划但不执行。计划做得很详细，但是放在架子上落灰或变成一年一次的客户活动，这样的行动是没有太大的效果的。

第二种是客户的活动计划是我方单方面完成的，没有客户的参与。也许你会觉得很奇怪："为什么我们的计划要让客户参与？"因为没有客户参与的计划很可能会造成资源的浪费和无效的结果。我们可以举一个例子来说明这个问题。

第三招　管理好销售数据和流程

我最近在研究一家大型公司的客户管理流程。销售高管向我介绍了销售团队与他们的一位重要客户之间的紧张关系。这个客户已经与公司合作多年，每年的业务规模保持在5000万元左右。公司为这个客户专门设立了一个团队（包括销售人员和客服），但事情似乎并不顺利。销售高管表示，由于某些原因，他们近年来与这个客户的合作关系并不理想。

我："你们采取了哪些弥补措施？"

销售高管："你知道这家公司不是直接使用我们的产品，而是把我们的产品作为他们解决方案的一部分，打包销售给他们的客户。最终用户知道我们，但并不从我们这里直接购买。"

我："是的，我知道。你们的产品是你客户的客户在使用。"

销售高管："为了更好地了解客户，今年我们针对那些实际使用我们产品的用户制订了一项行动计划。我们的想法是，如果能多了解最终用户使用我们产品的感受，也能相应地提高购买我们产品的客户的数量。因为，我们的客户曾向我们抱怨过最终用户的体验不佳，所以我们希望能采取措施改善这种情况。"

我："结果怎么样？"

销售高管："情况变得更糟了。"

我："为什么呢？"

销售高管："客户说他们不希望我们这么做。"

我："什么意思？"

销售高管："他们的高管团队说他们想让我们解决的是其他的问题。"

我："他们之前有让你们去接触他们的客户吗？"

销售高管："没有，他们不让。只是我们觉得应该做这件事。"

我："所以，你没有提前告诉客户你们会这样做？"

销售高管："是的，他们对我们的做法表示出很不高兴。"

我："你们去年年底做客户计划时和客户讨论过这件事吗？"

销售高管："没有，我们从来没有让客户参与过我们的计划流程。"

我:"为什么不呢?如果让他们参与了,是不是今年就不会浪费这么多时间和钱了?"

销售高管:"是的,我们未来一定会考虑到这一点。"

(四)客户精力分配

客户精力分配,是指识别、排序、拜访目标客户的流程。

大多数销售人员不会只跟进一个客户,公司会按照地区、行业、大小或者其他特点为每个销售人员指定一组特定的客户群体。但是,销售人员根本没有足够的时间和精力平均分配给所有客户和潜在客户。所以,他们只能将自己的时间和精力放在一些更重要的客户身上。每一天,销售人员都要做一个重要的决定,该如何把时间分配给自己负责区域内的客户呢?如果说前三个销售流程是用来提高销售工作效果的,即面对客户的表现,那么客户精力分配则是提高销售效率的,即在有限的时间和资源下争取更多成交客户,更聪明地支配你的时间。

客户精力管理流程如图3-15所示:

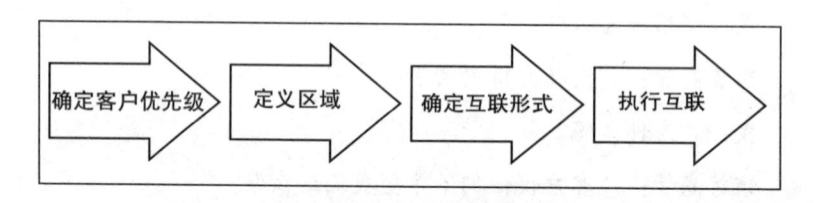

确定客户优先级 → 定义区域 → 确定互联形式 → 执行互联

图3-15 客户精力管理流程

以上流程主要的问题点不在前三个,因为销售教练很擅长分配区域和确定拜访形式等。最大的问题就出在执行上,所以,我们一般需要关注两个点。

第一点,销售人员在执行客户拜访计划前,应该先把内部流程设计好。销售人员只有在保证基本流程正常运作的基础上,才能有充足的时间花在优先级别较高的客户上。

第二点,如果你只注重最终结果,那么那些希望找到捷径的销售人员就会忽略掉市场覆盖、重点客户这些销售管控指标。所以,如果你相信这些指标的组合能真正提高销售团队效率,你就需要保证客户精力分配管理的流程、工具、关键指标能够清晰地表达你的期望并且全部可以被贯彻执行到位。

"客户精力分配"参考如图3-16所示:

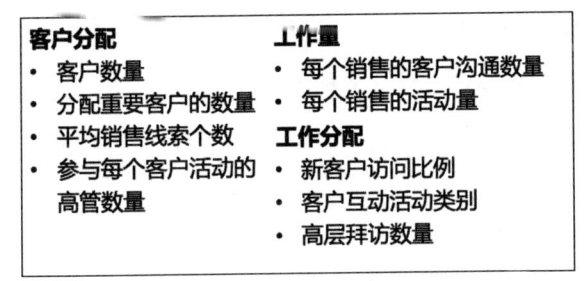

客户分配
- 客户数量
- 分配重要客户的数量
- 平均销售线索个数
- 参与每个客户活动的高管数量

工作量
- 每个销售的客户沟通数量
- 每个销售的活动量

工作分配
- 新客户访问比例
- 客户互动活动类别
- 高层拜访数量

图3-16　客户精力分配参考

(五)销售支持

销售成功是建立在一系列正确的销售行为之上的,而个人能力对执行起着重要作用,这一点已经被越来越多的销售教练所重视。用于改善销售执行力的流程我们称为销售支持流程。这个流程不仅包含销售团队的技巧,还包含从招聘开始的整个销售运营的体系。销售支持基本流程如图3-17所示:

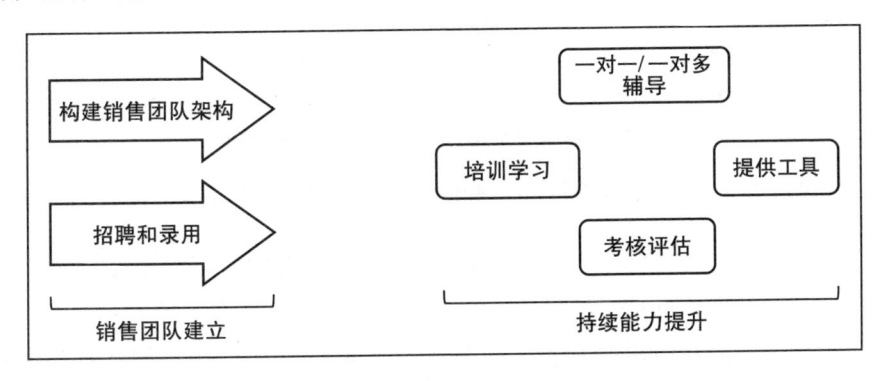

销售团队建立
- 构建销售团队架构
- 招聘和录用

持续能力提升
- 一对一/一对多辅导
- 培训学习
- 提供工具
- 考核评估

图3-17　销售支持基本流程

销售支持的具体行动,可以包含以下内容:

- 招聘专业产品专家制作方案；
- 培养团队成员成为方案专家；
- 为你的销售团队提供针对不同产品、不同客户的模板；
- 培训销售人员怎么使用模板；
- 辅导销售人员做方案；
- 定期评估销售人员做方案的能力；
- 根据结果调整以上所有活动。

"销售支持"参考如图3-18所示：

组织
- 每个经理所带销售人员的数量
- 销售人数／销售支持人数比

招聘
- 员工招聘费用

培训
- 员工培训时间
- 员工培训费用
- 培训完成数
- 培训小时数
- 销售培训数
- 天数／培训类别

- 小时数／培训类别
- 按培训类别完成的培训小时数
- 培训完成比例
- 销售结业比例

辅导
- 辅导时间占比
- 辅导次数
- 辅导时间
- 辅导频次

培训
- 工具、IT费用／员工数量
- 工具使用比例
- 报告使用比例
- CRM登录比例

组织
- 销售评估的比例
- 完成绩效评估的比例

图3-18 销售行动指标——"销售支持"参考

在执行如上销售支持的行动指标时，我们经常犯的错误是在我们知道有意义的销售支持项目需要投入公司大量的资源，有时也会给销售团队的管理带来一些混乱的情况下，我们只是对改进的项目进行优先级排序、分析和选择，再做决定，却很少会在投入昂贵的资源前仔细评估销售团队自身的需求，从而导致很多决策做了以后执行不下去，也没有取得预期的效果，投资回报率也很低。药方从来不缺，关键是对症下药才有效。销售培训能提升销售业绩吗？当然能，如果它是适合销售人员的培训。提供新的工具能帮助销售人员卖得更好吗？当然能，如果它是适合的工具。

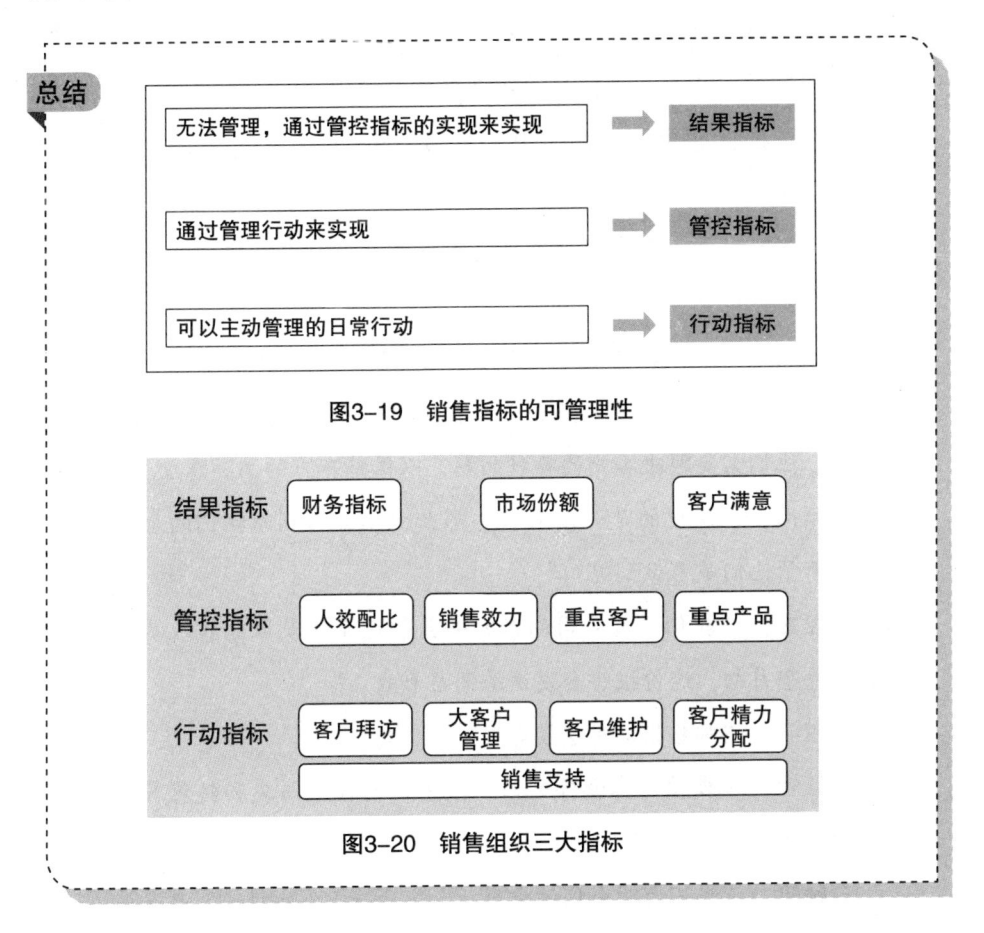

总结

无法管理，通过管控指标的实现来实现	➡ 结果指标
通过管理行动来实现	➡ 管控指标
可以主动管理的日常行动	➡ 行动指标

图3-19 销售指标的可管理性

结果指标	财务指标	市场份额	客户满意
管控指标	人效配比	销售效力	重点客户	重点产品
行动指标	客户拜访	大客户管理	客户维护	客户精力分配
	销售支持			

图3-20 销售组织三大指标

三 选择和衡量指标

我曾经辅导过一家市值十几亿元的公司。这家公司的销售副总给销售人员制订的是高额提成的激励制度，至于销售人员怎么去完成任务，公司不干预。在公司快速打开市场的前期阶段，这种管理方式效果不错。但这个阶段过后，管理层对销售团队就很难管控了。当管理层想用绩效杠杆和销售行动来管控销售人员时，他们发现无计可施。这家公司的管理层马上得出了一个结论，结果管理并不是最佳的销售管理策略，而行动管理却可以让他们管理得更加得心应手。于是，他们开始建立规范的销售流程，确保对销售绩效的管控。来看看我们的顾问与对方销售经理的一段对话。

顾问："能否告诉我您的销售人员都在做什么？他们的主要活动是什么？"

经理："他们的主要职责是担任客户经理。每人负责一个我们的关键客户，负责与客户建立业务关系，确保一年内与客户的业务往来顺利进行。他们需要解决客户的各种问题，以保持客户的高满意度。"

顾问："您说的是'结果'。那么，您如何判断他们的表现好坏？如何衡量他们是否做到呢？"

经理："我们通过公司的客户关系管理系统获取销售人员的绩效报告，每个月初，这份报告会发送给高层和我。"

顾问："哪些指标对您最有用？"

经理："我觉得都没什么用。报告上的数字与我和销售人员无关，它们是给高层看的。"

顾问："我不太明白您的意思。"

经理："报告上的数字，比如客户拜访次数、销售周期等，并不适用于我的团队。这些数字可能更适合其他有区域销售的团队，但对管理我的销售团队来说，没什么帮助。"

顾问："您能解释一下为什么您需要提交那些与您的销售团队不相关的数字吗？"

经理："我们的管理层希望用统一的指标来跟踪整个公司的绩效。虽然这些指标对于大多数销售团队来说可能没有问题，但我的团队并不需要进行大量的客户拜访或遵循传统的销售周期。因此，我使用其他表格收集更适合我团队的指标。"

顾问："您用您自己的销售指标来管理您的团队，是吗？"

经理："是的，我使用符合我团队实际情况的指标来管理他们。"

顾问："管理层不关心那些对您的团队非常重要的指标吗？"

经理："他们对此并不感兴趣。我已经多次向他们提出，但他们更倾向于使用统一的方法来管理整个销售团队。坦白说，我认为他们并不想深入了解我团队的具体情况。尽管我们与其他团队不同，但公司大部分收入确实来自我的团队。我认为只要数字表现良好即可，他们不关心具体使用了哪些指标也无所谓。总之，我有自己的一套销售指标来管理我的团队，而他们只关注那些对他们来说没太大用处的报告。"

不同的销售角色需要不同的销售流程匹配，如表3-3所示：

表3-3 销售角色对应的销售流程

销售角色	销售流程
客户拜访	需要做少量或中量客户拜访，客户会对项目结果产生重大影响
大客户管理	复杂性项目跟进，项目会经历多个阶段
客户维护	跟踪一个客户的多个项目，值得投入额外的客户计划
客户精力分配	需要做大量客户拜访，必须在不同客户间分配好时间
销售支持	适用于负责招聘、组织、培训、辅导、支持、评估销售的角色

接下来，我们用一个案例来结束本章节的内容。以下这段对话显示了客户拜访管理流程如何改变一线销售人员的行为，同时也显示了强大的衡量指标如何帮助销售团队聚焦。

经理："小明，你这周要去拜访哪些客户？"

小明："有些老客户的常规拜访，还有一个潜在客户的拜访可能马上有戏。"

经理："哦，说来听听，是一家什么样的公司？"

小明："这是一家新公司，我不知道您听说过没有，但他们的规模跟您熟悉的某公司差不多。"

　　经理："当然。某公司是我曾经接触的客户。那你这次拜访的目的是什么呢？"

　　小明："我之前见过他们公司的技术部负责人，他们同意让我给他们做产品演示。我的目标有两个：第一，让他们对产品演示印象深刻；第二，希望他们能购买少量机器。一旦他们开始使用我们的产品，就会知道我们的产品有多好，从而会向我们购买更多的产品。"

　　经理："听上去很不错。那你打算给他们演示什么产品呢？"

　　小明："我们最贵、性能最佳的产品线——×××。"

　　经理："嗯……我记得某公司的需求并没有那么复杂。你刚才说他们的情况跟某公司很像，是吗？"

　　小明："是的。您知道接下来会发生什么吗？他们会爱上这款产品但不会喜欢它的价格，他们会讨价还价，为自己争取一个好价格。这应该是一个双赢的订单吧。"

　　经理："等等，我们有一款新产品，功能不是最好但价格也不是最高。这个新产品应该更适合他们，你考虑过这个产品吗？"

　　小明："当然。但以中端价格卖给他们高端产品把握会更大。我会在这个月底结单。"

　　经理："这可能会是一次不错的销售，但记住我们的销售管控指标，我们今年需要卖8000万元的新产品，而且需要向中端客户100%推荐新产品。如果我们现在不按公司的方向做，又怎么能做到这个数字，获得绩效奖金呢？"

　　小明："我明白您的意思了。中端产品线虽然不容易销售，却是当下最合适的产品。"

　　经理："让我们多花点时间好好计划一下你在拜访过程中该如何让一个新产品销售成功。"

　　小明："好的，领导。我们一起来看看……"

客户拜访管理是非常具有战术性的活动，所以销售教练也可以和销售人员一起来做拜访计划，比如需要了解收集哪些信息，该提哪些具体的问题，预计客户会有什么顾虑，以及如何打消客户的顾虑，如何制订其他具体的行动等。其他的销售管理流程和衡量指标也需要如此一一对应，才能起到最佳的管理效果。

本招小节

1. 关键销售指标：

（1）结果指标；

（2）管控指标：人效配比、销售效力、筛选客户、筛选产品；

（3）行动指标。

2. 五大销售流程：

（1）客户拜访；

（2）大客户管理；

（3）客户维护；

（4）客户精力分配；

（5）销售支持。

第四招

用好销售管理工具

一 面对有难度的管理情境

我讲过很多不同情境的沟通课，特别是现在越来越多的企业让我讲线上沟通。说实话，线上沟通中最难的就是无法视频、无法通话的纯文字沟通。所以，如果有机会可以面对面沟通，最好不要选择视频沟通；如果可以选择视频沟通，就不要选择电话沟通。因为能看到对方的表情，能听到对方的语音语调，这种方式的沟通效果绝对比纯文字的沟通效果好，而且纯文字沟通容易产生误会。所以，越是艰难的沟通，越要面对面。以下是两种有难度的管理沟通情境：一种是远程管理；另一种是销售会议。我梳理了这两种沟通情境的一些关键流程和注意事项供大家参考。

（一）远程管理

在远程工作环境中，培训辅导是与销售人员建立联系和培养关系的重要手段。虽然技术可以使沟通变得更加便捷，但无法解决面对面交流缺失所带来的问题。因此，不要过度依赖远程辅导，要确保在开始辅导之前，尽一切可能与他们进行真正的接触，建立牢固的个人关系。由于缺乏面对面交流所带来的定性信息，进行远程辅导需要满足以下四个基本条件。

1. 绩效矩阵

要设定详细的绩效评估方案，以评估销售人员的进展情况。在开始远程培训之初，你需要先建立良好的关系，然后通过绩效矩阵查看每个员工的表现，并将其作为培训的起点。尽管你可以通过矩阵表或其他数据资源了解员工的进展情况，但最好先询问他们的个人意见。通过提问，你可以获取大量信息。有些销售人员对自己的表现有清晰的认识，但有些人的看法可能与你的有所不同，有些人甚至没有意识到自己的问题，对于这些人，你需要先纠正他们的错误看法或让他们意识到自己的问题，然后再将精力集中在策略开发和提高业绩上。由于缺乏面对面交流可获得的定性信息，你必须至少利用一半的培训时间检查员工的绩效进展情况，但请注意不要将讨论变成评估。会议的重点应放在提高业绩和加强优势互补上。

2. 明确纪律和指标

管理远程销售人员需要有明确的目标和界限，还需要有一套持续加强的准则，如企业的价值观以及根据权力层级制订具体的原则。此外，与销售人员一起共事，以确定总部以及你可以为他们提供哪些支持和帮助，这一点也很重要。

3. 培训流程

在与销售人员进行电话培训会议时，必须确保他们没有因其他事情分心。尽管不用每次培训都看绩效矩阵，但一个月至少要与员工讨论一次绩效进展情况。

4. 关键在于建立关系

通过建立关系，你可以获取一些定性信息。与下属建立良好的关系可以增强彼此的信任感。对于团队的新成员，你应该尽量在每次培训时都加入建立关系的环节。由于这些下属与你相隔两地，尤其是在刚接触阶段，只要有可能，最好花些时间与他们进行面对面的交流。进行远程培训的主要方式是打电话。当然，电话、语音邮件、电子邮件、聊天工具、免费网络会议、播客、短信和视讯会议等都是你与远程销售人员保持联系和实时监督他们的工具。如今，许多公司开始使用高清、高频的远程会议系统来模拟真实的面对面互动会议。然而，即使技术再发达，与每个员工建立良好关系这一点是不可缺少的。

（二）销售会议

销售会议是开展团队培训和鼓励成员相互学习的理想场合。你的目标是将销售人员打造成一个团队，让他们共同努力、齐心协力，超越个人利益，朝着共同目标前进。然而，销售会议并不总是能激发团队合作的潜力，因为许多人并未充分利用相聚的机会来交换观点、思考解决方案、提升技能和解决重大争议，而是将重点放在审查数据和讨论可以通过电子邮件传达的业务和行政事务细节上。更糟糕的是，参加会议的人通常缺乏参与意识，也不愿意分享自己的观点。

一些销售经理和销售人员经常抱怨会议是浪费时间。为了防止"会议成瘾"，甚至有公司采取了不在会议室放置椅子的做法，以缩短会议时间。然而，通过改进会议议程（议事日程）和会议流程（开会的方式），你可以将销售会议转变为销售人员相互学习和互相支持的平台。在一对一培训中使用的技巧和流程是成功举办团队销售会议的基础。然而，正如团队销售比个人销售需要更多的技巧一样，召开销售会议也需要比一对一培训多一些额外的技巧，才能真正加强团队合作。

团队培训和一对一辅导之间存在着显著的差异，因为它们的动力和挑战完全不同。例如，在一对一场景中脱口而出的一句话，在多人参加的会议上可能会产生巨大的影响。主持销售会议需要运用团队报告技巧、团队建设技巧和会议管理技巧。

引导销售会议

准备一份书面议程，记录所有重要的事项。为每个议程项目设置一个流程，例如讨论、演示、团队活动、头脑风暴、与会者报告等。此外，你还需要准备好所需的材料。

这些技巧和策略可以帮助你更好地组织和主持销售会议，提高团队的参与度和效率。通过充分准备和运用适当的工具，你可以确保会议达到预期目标，从而推动团队的销售业绩和合作精神。下面是一个销售会议日程规划，供大家参考。

书面议程是控制销售会议的重要工具，内容应简洁明了，并逐项列在一页纸上。议程应正式且与团队成员共享，而非草率地写在草稿纸上。尽管如此，团队成员还是会抱怨"不知道为什么来开会"。这是因为议程虽然明确了会议目的，但没有鼓励成员积极参与。让他们参与的最佳办法是给他们机会共同规划议程。最简单的办法是在每次会议结束时询问他们对下次会议的意见。你可以提问，例如"我们将在……（日期）再次开会。你认为下次会议的重点是什么？"，或者在会前几天邀请他们一起规划议程，以激发他们的积极性。

为了保持参与者的积极性，让他们知道他们的观点将被采纳，但议程的重点仍由你来确定。例如，你可以推迟接受讨论参与者的意见，与他们私下交流，或将他们的问题放在小组中讨论。但是，如果对团队成员来说非常重要的问题未在议程中反映，你可能需要重新考虑议程的重点。根据经验法则，销售人员的建议应占议程的30%。一旦将他们的意见纳入议程，他们通常会迅速投入状态。为确保参与者明确了解会议内容，你需要仔细审查议程并征求他们的意见和反馈。以下建议可帮助你评估自己的议程。

●融洽关系：在分发议程之前，最好先与团队成员建立联系，以创造舒适的氛围，提高团队士气。

●分发议程：你可能认为提前分发议程是明智之举，但实际上并无必要。

●浏览议程：分发议程后，带领团队快速浏览，不要涉及任何细节，目的是让团队成员了解概要和要实现的目标。

●检查议程：浏览后，通过提问征求团队意见。例如，"对这个议程有什么想法吗？"这样，销售人员有机会发表意见，你也有机会作出解释。有些人可能会说："我们现在需要Y，你为什么谈X？"

在这种情况下，你有几种选择。你可以将他们的意见纳入议程，但注意不要本末倒置。如果议程是共同制订的，销售人员将有机会提前提出建议。为了确保议程的顺利进行，你可以召开另一次会议讨论新议题或者找时间单独与对方讨论。

●监督议程：在销售会议上的职责是确保议程顺利进行。如果有人的讨论偏离了主题，你需要引导大家回到议程上来。你的任务就像足球守门员，坚守话题阵地，不要让其他话题进入你的防区，使讨论偏离轨道。你可以提醒他们："小明，你说得对，但我们现在讨论的是×××。我们应该先完成这个议程。所以，请先放下你的话题，我们按议程进行。你的问题，我们可以在下次会议上讨论（或者在这次会议的最后讨论，或者另找时间详谈）"。除非有特殊情况，否则不要改变会议的初衷。你可以说："让我们从第一个议题开始。这次会议有三个议题，第一个最重要，所以可能会花费10分钟左右的时间。"随时监督议程的进行，确保会议取得进展。为每个议程设定一个目标，例如，如果议程是"击败竞争对手"，那么目标可以是"让张三做一个关于××竞争对手的报告，然后激发团队提出两个应

销售会议日程规划

销售经理：________ 日期：________

决策记录：________

议程

议题	目标	时间	负责人

决策

是	否
☐	☐
☐	☐
☐	☐
☐	☐
☐	☐
☐	☐

日期/时间：

回顾/评价：

其他：

销售会议一览表

	是	否
会议议程准备		
☐书面议程	☐	☐
☐销售经理与销售员都参与日程设计	☐	☐
☐涉及重要问题	☐	☐
☐话题适时	☐	☐
☐销售员准备了会议所需的数据和材料	☐	☐
会议动力和领导		
☐浏览议程表	☐	☐
☐监督议程	☐	☐
☐培养互动参与	☐	☐
☐做决策；记录决策	☐	☐
☐达到会议目标	☐	☐
☐回顾会议	☐	☐
☐确定下次会议时间/议程	☐	☐
会议时间、长度、地点		
☐充足的通知；时间对大部分人来说都合适	☐	☐
☐准时开始/结束	☐	☐
☐协调时间完成议程	☐	☐
会议结果		
☐做出决定	☐	☐
☐达到目标	☐	☐

图4-1 销售会议日程规划

对策略"。

● 利用议程引导会议：引导会议是你的任务，至少在会议开始时应该如此。会议流程应包括建立联系、浏览议程、管理议程、讨论和结束每个议程。讨论阶段应包括提出话题、制订行动计划、核实问题，然后以"好的，让我们进入下一个话题"结束。

二、销售管理常用工具

（一）销售漏斗

1. 销售漏斗及阶段划分

销售漏斗的阶段划分（如图4-2所示）是根据产品特点、客户特点、销售周期和购买过程来确定漏斗中的阶段，可以是5个阶段也可以是7个阶段（含目标客户阶段），阶段划分太少或太多都会影响销售漏斗的管理，影响预测。

目标阶段（定位和挖掘目标客户） —— 定位目标客户群 —— 潜在阶段：找到我们的目标客户

发掘客户潜在商机

意向阶段（引导和确认客户意向） —— 确认客户意向 —— 意向阶段：评估项目机会/制定策略

立项阶段（影响及跟进客户立项） —— 引导客户立项 —— 方案阶段：立项/建立标准/提交方案

认可阶段（赢得客户的初步认可） —— 赢得客户认可

谈判阶段（与客户进行商务谈判） —— 进行商务谈判 —— 商务阶段：招标/报价/商务落实

成交阶段（完成销售成交的活动） —— 销售成交

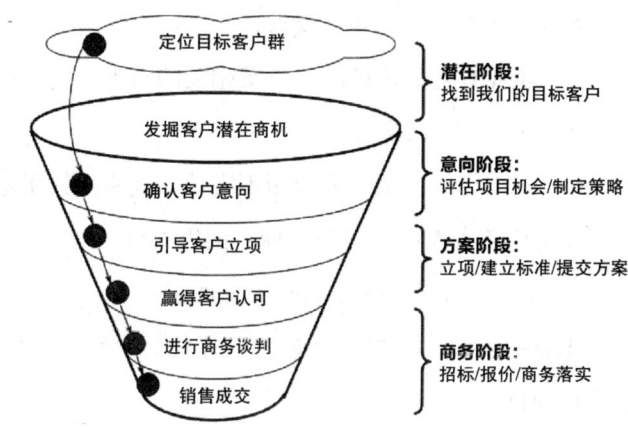

图4-2　销售漏斗及阶段划分

2. 销售漏斗各个阶段的目的

（1）目标客户——定位目标和潜在客户群

①目标客户群，是指我们的产品和服务能够适应或满足的特定客户群体。

②举例：ERP业务的目标客户群必须符合以下特征：

- 属于大中型制造业/金融/电信/证券/保险/电力/烟草/医药等多组织、多地点的集团企业或行业；
- 需要通过信息化来提升管理的企业；
- 符合我们的产品应用特征。

（2）潜在阶段——发掘客户潜在的商机

①潜在的商机，是指销售人员在目标客户群中通过初步评估后发现的可能存在的销售机会。

②销售人员必须取得的信息标准如下：

- 客户的基本资料（如行业/背景/企业规模/人员等）；
- 客户的基本业务背景信息；
- 参与竞争的厂商；
- 客户的需求/预算；
- 客户的项目组人员情况。

③潜在的商机评估标准如下：

- 符合我们的目标客户要求；
- 该企业有与我司产品或方案相关的需求；
- 该企业经济效益良好；
- 目前无相关应用，或应用不完善，或应用效果不好。

④阶段负责人员：客户经理（销售人员）。

（3）意向阶段——可能的成交机会

①意向阶段，是指经销售人员评估后，符合我们的产品并具备一定需求的客户项目。

②符合意向客户的特征如下：

- 客户对我们的产品和服务有兴趣；
- 客户认购的方式；
- 客户已经有初步的项目需求；
- 客户开始接触软件厂商或第三方咨询商；
- 客户有资金实力。

③举例：ERP业务的符合意向客户的特征如下：
- 客户未实现整体信息化管理；
- 客户的财务系统与业务系统未集成；
- 客户已进行局部信息化建设，未全面集成；
- 客户有借助信息化提升管理的机会。

④阶段的负责人：客户经理（销售人员）。

⑤推荐阶段销售工具：行业案例资料、客户行业问题汇总。

注意：本阶段不要主动提及参观，明确客户的目标和需求很关键，争取沟通机会！

意向阶段的客户需求一般停留在隐性阶段，如何搞清楚客户的隐性需求并且通过显性的方式满足客户的隐性需求是成功的关键，所以我们需要销售人员有通过提问挖掘客户需求的能力。

- 开放式问题：

＊不能用"是"或"不是"回答的问题，哪里？什么？怎么样？为什么？

＊取得一个长而不受影响的回答；

＊收集一般资料。

- 引导式问题：

＊不能用"是"或"不是"回答的问题，哪里？什么？怎么样？为什么？

＊取得一个长而受影响的回答；

＊收集指定方向资料。

- 锁定式问题（也称为封闭式问题）：

＊用"是"或"不是"回答的问题；

＊用于获得明确的回答；

＊传统的方式。

● 问题举例：

＊是谁说……为什么要……？

＊是……？为什么……？……怎么样？

＊您刚才说……（什么事情，怎么样）……那会不会……？

＊如果……那么会……？

＊您为什么想到要上这样一套系统呢？

＊我们的日常协作都是怎么开展的？您这边协调的事情肯定很多，除了您之外，还有谁负责（参与）这个项目呢？

＊您是说李总要求这个项目要在5月份之前完成是吗？

＊主任，您对这次项目有什么要求？

＊我们的公文收发需要登记吗？如果没有登记会有什么样的问题？

＊您是否已经想好意向申请怎么写了？如果这样领导会不会觉得……？

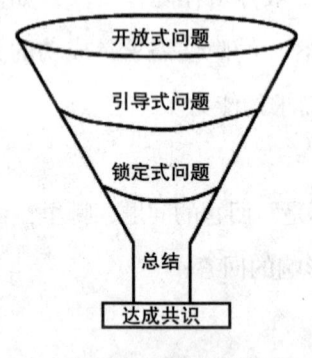

图4-3 提问漏斗

（4）方案阶段——呈现方案/建立标准

①方案阶段。

②我们有销售机会、客户愿意进行深入交流探讨。

③进入此阶段标准：

● 客户对我们提供的资料感兴趣；

● 客户给我们介绍企业的现状，并提出部分问题。

④此阶段的工作内容：

● 顾问现场讲座交流；

● 针对交流情况，客户表达意向或明确阶段目标；

● 根据客户确定的目标（或进行调研）提交方案；

● 方案汇报或方案交流；

● 突出行业价值和实施，为商务报价奠定基础。

⑤此阶段的工作成果标准：

● 客户有一定的认同度，并已明确项目需求；

● 客户认同我们的选型标准，并将标准与企业现状结合；

● 客户高层安排专人负责或成立项目选型小组；

● 客户已有时间进度计划；

● 我们或客户提出参观要求，安排参观验证方案。

⑥阶段资源：行业专家、技术顾问、销售人员。

注意：此阶段透露给客户项目投资标准一定要慎重！

（5）商务阶段——心理与技巧的综合游戏

①商务阶段，是指客户对我们的产品和服务初步认可之后，客户已确认我们是唯一或备选的供应商之一。本阶段客户会要求提交报价，并对报价提出异议。

②阶段标准：

● 客户（报价前或报价后）对方案细节的询问；

● 进行考察，认可能力；

● 客户准备走招标流程或审批流程；

● 客户准备找其他第三方咨询商或竞争厂商介入；

● 确定时间进度表，如投标、谈判、签约等时间。

③阶段的主要工作：

● 商务正式报价；

- 异议（一定会有）排除和沟通；
- 实施团队出面对实施计划进行初步沟通；
- 客户信心树立（实施团队能力、高层表态）；
- 关键商务的落地，坚定地支持和推进；
- 商务合同的谈判。

④项目负责人：项目经理、销售主管、公司高层。

注意：如果客户不提出考察要求，我们一定不要提！

（6）完成销售成交

①完成销售成交，是指完成合同的签约，按照合同规定支付了相应款项。

②阶段的特征：

- 已按一定金额和付款方式完成合同的签订工作；
- 已按合同支付了相应的款项，财务确认收入已到账；
- 实施团队（项目经理）进入现场开始项目规划；
- 产品已经发货。

③项目负责人：项目经理、销售主管、实施团队、财务主管。

（二）增加流量的机会类型矩阵

增加流量的机会类型矩阵如图4-4所示：

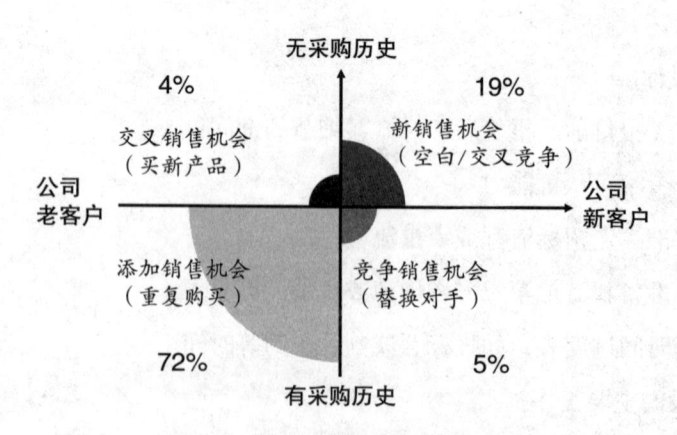

	无采购历史	
4%		19%
交叉销售机会 （买新产品）		新销售机会 （空白/交叉竞争）
公司老客户		公司新客户
添加销售机会 （重复购买）		竞争销售机会 （替换对手）
72%		5%
	有采购历史	

图4-4 增加流量的机会类型矩阵

第四招　用好销售管理工具

（三）销售流程与销售里程碑模型

销售流程一定要与客户采购相匹配，以下销售流程是基于客户七步采购流程而来，具体如图4-5所示：

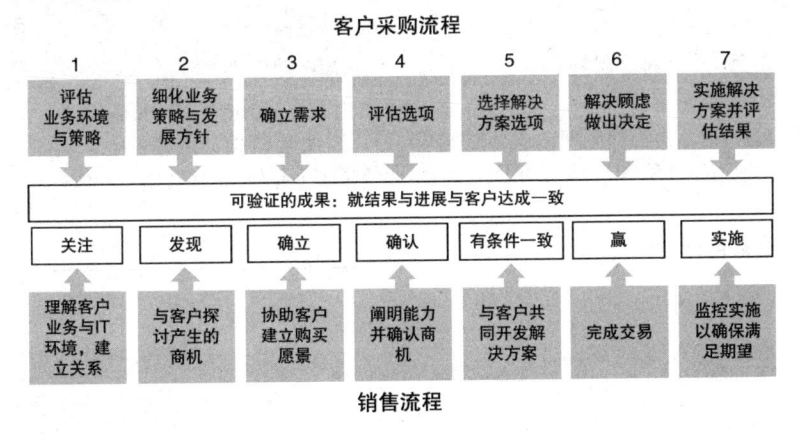

客户采购流程

1	2	3	4	5	6	7
评估业务环境与策略	细化业务策略与发展方针	确立需求	评估选项	选择解决方案选项	解决顾虑做出决定	实施解决方案并评估结果

可验证的成果：就结果与进展与客户达成一致

关注	发现	确立	确认	有条件一致	赢	实施
理解客户业务与IT环境，建立关系	与客户探讨产生的商机	协助客户建立购买愿景	阐明能力并确认商机	与客户共同开发解决方案	完成交易	监控实施以确保满足期望

销售流程

图4-5　采购流程与销售流程

以下工具将销售流程分为八个步骤，每个步骤中有对应的关键销售动作（里程碑）及跨越到下一步的标志、角色（责任人和参与人），具体如图4-6所示：

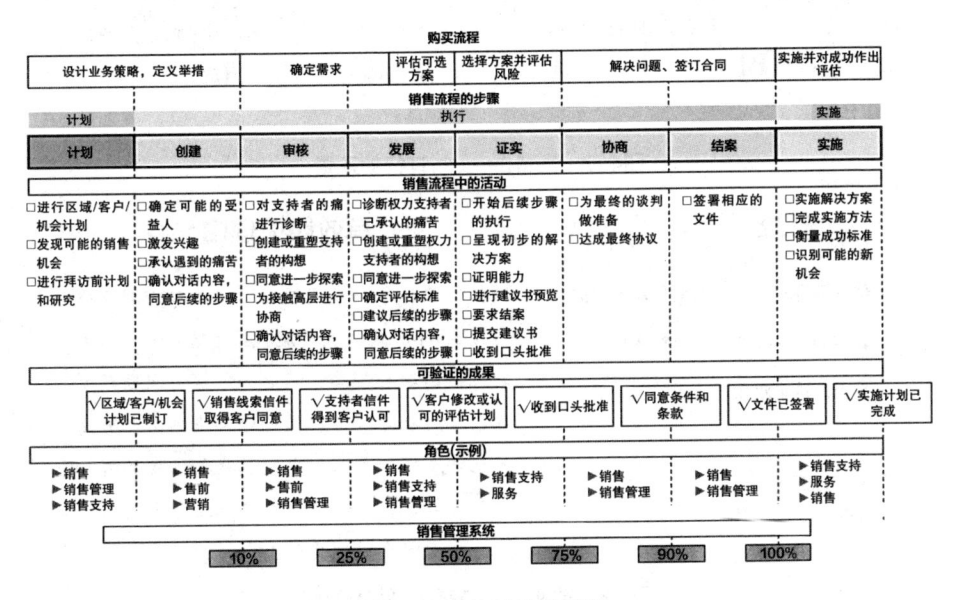

购买流程

设计业务策略，定义举措	确定需求	评估可选方案	选择方案并评估风险	解决问题、签订合同	实施并对成功作出评估

销售流程的步骤

计划	执行	实施

计划	创建	审核	发展	证实	协商	结案	实施

销售流程中的活动

| □进行区域/客户/机会计划
□发现可能的销售机会
□进行拜访前计划和研究 | □确定可能的受益人
□激发兴趣
□承认遇到的痛苦
□确认对话内容，同意后续的步骤 | □对支持者的痛进行诊断
□创建或重塑支持者的构想
□同意进一步探索
□为接触高层进行协商
□确认对话内容，同意后续的步骤 | □诊断权力支持者已承认的痛苦
□创建或重塑权力支持者的构想
□确定评估标准
□建议后续的步骤
□确认对话内容，同意后续的步骤 | □开始后续步骤的执行
□呈现初步的解决方案
□证明能力
□进行建议书预览
□要求结案
□提交建议书 | □为最终的谈判做准备
□达成最终协议 | □签署相应的文件
□收到口头批准 | □实施解决方案
□完成实施方法
□衡量成功标准
□识别可能的新机会 |

可验证的成果

| √区域/客户/机会计划已制订 | √销售线索信件取得客户同意 | √支持者信件得到客户认可 | √客户修改或认可的评估计划 | √收到口头批准 | √同意条件和条款 | √文件已签署 | √实施计划已完成 |

角色（示例）

| ▶销售
▶销售管理
▶销售支持 | ▶销售
▶售前
▶营销 | ▶销售
▶售前
▶销售管理 | ▶销售
▶销售支持
▶销售管理 | ▶销售支持
▶服务 | ▶销售
▶销售管理 | ▶销售
▶销售管理 | ▶销售支持
▶服务
▶销售 |

销售管理系统

| 10% | 25% | 50% | 75% | 90% | 100% |

图4-6　销售里程碑模型

（四）销售行动指标相关的日常表单

表4-1　准备1——客户的认知与期望

企业名称	A公司	所属行业		金融
客户角色	岗位职务	认知与期望		
张经理	销售部经理	公司希望在3个月内在全省100个支行覆盖网点互联网Wi-Fi，以便开展在线开发客户，年内完成3倍业绩指标的目标		

单一销售目标：＿＿＿＿＿＿＿＿＿＿＿＿＿＿＿＿＿＿＿＿＿＿＿＿＿＿＿＿＿

客户姓名：＿＿＿＿＿＿　　　　职务：＿＿＿＿＿＿

认知与期望：＿＿＿＿＿＿

最佳行动承诺	最小行动承诺
下周二上午10点，希望张经理能够带我们共同去见业务部门负责人，共同交流具体的业务需求，整理并确认业务需求和管理目标	下周二上午10点，希望张经理能够打电话把我引荐给业务部门负责人，安排1个小时的业务需求调研，整理并明确业务需求和管理目标

图4-7　准备2——制订行动承诺

标准

- 是否与客户认知、期望和需求相关？
- 表达的过程陈述是否足够清楚？
- 是否表达了双赢？

有效约见理由

"张经理，希望我们能针对您关心的网点快速覆盖Wi-Fi做一次交流，主要想听您认为的关键问题有哪些，然后一起探讨问题产生原因及解决方法，以便确保解决方案能够更好地满足您的需求，也提高我们方案的针对性和有效性，时间想定在周三上午或周四上午，您看哪个时间更好？"

图4-8　准备3——有效约见3P原则

表4-2　提问清单准备表

客户的认知与期望	WHY	您希望加强移动化办公的原因是什么？
	HOW	您遇到了什么问题？希望如何加强？
	WHAT	您希望加强哪些管理、哪些部门、哪些人员？
	WHEN	您希望什么时间实施、何时见到效果？
决策参与人	WHO	公司将安排哪些人具体来对接落实这个项目？
决策流程		具体负责采购的还有哪些人？谁负责技术标准？谈判？
人或组织变化		近期公司有没有什么人事变动，从而影响这个项目？
竞争形势		是否接触其他公司了呢？情况如何？
其他未知信息		……

表4-3　两类提问法清单

	封闭类问题	开放式问题
客户的认知与期望 （WHY、HOW、WHAT）	您希望加强移动化管理是吗？	是什么原因要加强？ 具体面临什么业务现状？ 您希望通过加强管理实现什么？ 您想过如何加强吗？ 还要包括哪些业务和部门？ 哪些业务让您感觉最难管理？ 您认为过程中的难点是什么？ 您最希望实现什么效果？
决策影响者（角色）	还会有其他人参与决策吗？	目前公司的业务主要是哪些部门在处理？他们如何分工？ 觉得哪些人员对这个项目的实施应用效果比较重要？
采购决策流程	会和哪些部门对接具体业务需求呢？	公司哪个部门负责未来的系统维护？
新成员/可能的重组	项目组成员会有变化吗？	公司近期的项目人员变化是怎样的？
竞争态势	您这边有找其他供应商吗？	您找了哪几家供应商做对比？
其他未知	……	……

表4-4　独特差异优势呈现法NBA

N 客户认知/期望/需求	B 意味着什么	A 独特优势		
		特性+优势	何以证明	
			证明方式	证明资料
某银行信息科技部张经理	客户的50个网点能够同时同步开工实施和测试，确保以最短时间（10天内）完成全市50个Wi-Fi网点的覆盖	我公司遍布全市各区的服务网点达100个	书面材料	服务网站名单
希望在3个月内建立覆盖全市50家营销网点的Wi-Fi，以支撑电子银行业务部实现在店推广销售业绩			标杆客户电话	同步实施项目的成功案例

表4-5　获得客户行动承诺工作表

客户角色：＿＿＿＿＿＿＿＿＿＿＿＿＿＿＿＿＿＿

最佳行动承诺：	承诺类问题：
最小行动承诺：	承诺类问题：

表4-6　顾虑处理工作表

客户角色				
可能的顾虑	顾虑类问题	倾听/同理心	第三方故事	确认
		倾听：让客户充分表达 同理心："我很理解您的想法……" 探索："是什么原因让您……"		

第四招　用好销售管理工具

表4-7　客户拜访计划表

客户名称		填表人		交流日期		制表日期	
单一销售目标SSO				客户方参加人员（姓名/职务）		我方参加人员	
客户名称		产品方案					
成交时间		预计金额					
客户概念（认知与期望）				了解需求			
				开放式问题		封闭式问题	
客户行动承诺				呈现优势			
最佳行动承诺		最小行动承诺		客户需求	对客户的利益	优势+特性+证据	
有效约见理由				获得承诺			
				承诺类问题	顾虑类问题	客户的顾虑	

本招小结

1. 非面对面管理更难，因此关系的建立非常重要。
2. 会议之前都需要准备，会议开始时需要明确规则。
3. 销售管理常用工具。

第五招
学会建立关系

销售教练与下属建立良好关系的重要性不言而喻。一个有效的销售团队需要一个能够激励、指导和支持团队成员的领导者。以下是销售教练与下属建立关系的一些关键因素。

信任：建立信任是任何成功关系的基础。销售教练需要展示诚实、透明和可靠性，以便团队成员相信他们的能力和判断。

沟通：有效的沟通对于建立良好关系至关重要。销售教练应确保与团队成员保持开放、及时和诚实的沟通，以便了解他们的需求、挑战和期望。

支持：销售教练应提供必要的支持，包括培训、资源和指导，以帮助团队成员克服困难，提高业绩。

鼓励：销售教练应该鼓励团队成员发挥潜能，认可他们的成就，并提供有建设性的反馈，以帮助他们不断成长和改进。

共享目标：销售教练应与团队成员分享共同的目标和愿景，以便每个人都能明确自己的目标和责任，并为实现这些目标而共同努力。

反馈：定期收集团队成员的反馈，以了解他们的期望和需求。这将有助于销售教练调整自己的方法，更好地满足团队的需求。

个人关注：销售教练应关注团队成员的个人需求和发展，以便更好地理解他们的动机、兴趣和挑战，并为他们提供有针对性的支持。

一　创建信任关系的四个维度

以下这个信任公式来自大卫·梅斯特所写的《值得信赖的顾问》一书，我做了一些改良：

信任=（能力+可靠+关系）×以对方为中心

"能力"和"可靠"相对比较好理解，即一个人有能力或让人感到可靠时，容易建立信任。比如，专业知识、专业技能、专业背书、守时、说到做到等，都是这两个方面的体现。难就难在"关系"和"以对方为中心"，怎么做到呢？

《影响力》一书中说到一种心理学原理叫"喜好原则"，即任何人都喜欢和自己喜欢的人打交道，所以让他人喜欢上你就可以拉近关系，拉近关系就容易建立信任。有五大因素可以影响人们的"喜好"：

- 相似性；
- 熟悉性；
- 合作性；
- 关联性；
- 称赞。

（一）相似性

人们最喜欢的人是自己。所以，人们也喜欢和自己相似的人。

"人生五大同"说的就是快速找到五大相似点，然后拉近关系：

- 同宗（同一个姓）；
- 同乡；
- 同窗；
- 同事；
- 同好（不仅指相同的兴趣爱好，也指共同的经历、价值观）。

如果我们找不到以上五大相似点，我们可以尝试从沟通时的肢体语言、语音语调、语速上去模仿对方，也能起到好的效果。

（二）熟悉性

人们通常喜欢自己熟悉的人。所以，平时要多关心下属的生活，和下属聊聊个人和家庭的情况，让彼此更熟悉一些。

（三）合作性

简单来说，就是"我们是一伙的"。当双方有共同的目标时，更容易亲近。突出实现这个目标给双方带来的利益，能促使双向奔赴，关系也会变得更紧密。

（四）关联性

人们习惯于把两件不相关的事关联在一起。比如，企业找优质明星做广告，就是把明星的光环和特性与自己产品相链接；你有幸运数字和幸运颜色；你穿红色毛衣打麻将总赢钱，可能你下次打麻将时还想穿红毛衣……反之，千万不要把自己和不好的东西联系在一起，否则对方听到你的声音可能就想转身离开。比如，你老是给对方带去坏消息，让对方看到你的电话就有一种不想接的感觉。

（五）称赞

这是我们都做过，但未必做得好的一件事，因为我们很容易将称赞做成"拍马屁"。人们喜欢被称赞，但不喜欢被拍马屁，因为前者让人感觉更真诚、更走心。具体应该怎么做呢？

请看以下两个例句：

- 你看上去既年轻又有气质！
- 你看上去既年轻又有气质！而且你搭配的这条丝巾很有品位，也很衬你的肤色，你的眼光太好了！你的这条丝巾在哪里买的啊？

哪句话让你感觉更真诚一些呢？当我们不仅有赞美的话，还带有细节描写的时候，会让对方感觉更真诚。而且，用问句结尾会有暖场的效果，让对方更愿意多说，沟通的氛围瞬间打开。所以，千万不要吝惜对下属的称赞。

销售教练不仅要学会与对方建立关系，更要学会与自己建立关系，有更多觉察，修炼自我，提升自我。当我们与对方沟通时，有时容易陷入冲突和对立之中，一旦产生这种感觉，马上进行自我觉察和自我调整，就可以做出最有利于沟通结果的表现，引导沟通向期望的方向前进。

二 面对冲突的思维四步骤

小张是一位创意文案人员，她和同事小李刚和老板开完创意审核会议。原本，两个人应当一起在会上演示构思的创意。后来，小李趁小张会间出去接一个重要电话的时间，一个人完成了演示，还把两个人一起做的策划创意说成是自己一个人的功劳。等老板询问小张的意见时，她已经没什么好说的了。这件事情让小张感到愤怒不已。

她认为，首先，小李的做法很龌龊，把两个人的功劳据为己有。其次，整个会议成了小李一个人的表演秀，自己成了无足轻重的人。接下来，她该怎么和小李沟通此事呢？

让我们来看看小张的处理方式吧！

她不想表现得过度敏感，因此大多数情况下都沉默不语，埋头做自己的工作。当小李来找她时，她冷嘲热讽地说："你想要那份打印文件是吗？没问题，要不要再给你来一杯咖啡和一块蛋糕啊？"说完，她翻着白眼扬长而去。面对小张的讽刺，小李感到莫名其妙，他不知道小张为什么这么气愤。很快，他对小张这种自以为是的态度和对自己充满敌意的行为感到厌恶。结果可想而知，两人再次合作时，谁都没有给谁好脸色。

在沟通的过程中，双方有可能会有误解或情绪，人是怎么从"事件"发展到"行为"的呢？实际上经历了四个步骤：事实—想法—感受—行为，具体如图5-1所示：

事实　想法　感受　行为

图5-1　"事件"发展到"行为"的四个步骤

我们来看看上面这个案例的四个步骤分别是什么。

事实：小张是一位创意文案人员，她和同事小李刚和老板开完创意审核会议。两个人原本应当一起在会上演示构思的创意。后来，小李趁小张会间出去接电话的时间，一个人完成了演示，还把两个人一起做的策划创意说成是自己一个人的功劳。等老板询问小张的意见时，她已经没什么好说的了（即"小李单独向老板汇报了工作"）。

想法：小张认为：小李的做法很龌龊，把两个人的功劳据为己有；其次，整个会议成了小李一个人的表演秀，自己成了无足轻重的人。而且，小张觉得小李是在故意贬低自己的贡献，但她又不想表现得过于敏感（即"他不信任我，认为我软弱可欺；挑明问题会显得我太情绪化"）。

感受：这件事情让小张感到愤怒不已（即"受到伤害、担心"）。

行为：大多数情况下，小张都沉默不语，埋头做自己的工作。当小李来找她时，她还冷嘲热讽一番后，翻着白眼扬长而去。

针对人的思维模式，要想转变自己的行为，就要从"行为"开始进行反推。

三 内省三步骤

第一步，"是什么感受让我产生了这个行为？"

第二步，"是什么想法让我产生了这个感受？"

第三步，"发生了什么，让我产生了这样的想法？"

（一）通过改变想法来影响结果

行为的产生是由于感受和情绪，情绪的产生是由于想法，想法产生于事件，事件已经发生，无法改变，这当中的核心点就在于"想法"，如图5-2所示：

事实 → 想法 → 感受 → 行为

图5-2 通过改变想法来影响结果

如果你相信任何事情的背后都有正向的意义，那么想法就可能改变，感受和行为就会跟着变，最终影响结果。努力让自己看到事件背后的正向意义、看到下属的正向意图，如果实在无法改变想法，就尝试给对方机会、敞开心扉地说。你可以通过以下几种方法创建对方表达的安全感，从而让对方畅所欲言。因为只有让对方说出真实的想法，你才有可能了解真相，解决问题。

1. **寻找共同目标**

我们是一伙的。

2. **突出做成这件事的共同利益**

3. **尊重对方**

具体表现为专注倾听、眼神交流、肢体、表情等，让对方能感觉到被尊重的一切行为。

4. **道歉**

做得不对的地方及时道歉，会让对方放下戒备，敞开心扉。

5. **对比法**

表明自己的目的，消除误解："我今天沟通的目的不是……而是……"。

（二）通过改变感受来影响结果

在了解对方的真实想法后，如果仍不能改变自己的想法，就尝试再往上走一步，通过改变自己的感受和情绪来改变自己的想法，如图5-3所示：

事实　　想法　　**感受**　　行为

图5-3　通过改变感受来影响结果

改变感受和情绪的方法有六种。

调整行为：改变姿势和行为，例如呼吸法是最常用的方法，大脑获得氧气，同时停顿。

补偿利益：吃东西，购物，打游戏等。

转移注意：看武打片，睡觉，听音乐，逛街等。

抽离情境：离开情绪源，心理上的抽离，比如冰箱法（把情绪打包放冰箱）。

表达情绪：倾诉，吐槽，写日记，运动等。

寻找意义：意义换框，角度换框。

补偿利益和转移注意的区别在于补偿利益是做自己喜欢的事，它的潜台词是"别人对我不好，我要对自己好"，转移注意是从A事件转到B事件上，可以暂时忘记A带来的情绪感受，但只是暂时的，如果感受特别深刻，可能在未来的某个时候又会想起A，因为自己并未完全处理好之前的情绪。抽离情境的方法是可以让一个人彻底处理好情绪的方法，抽离情境的一种方法是在情绪产生的那一刻产生了觉察，想象着理性的自己从感性的身体里走出来，站在房间的某个角落看着自己，并对自己说："不要激动，做出理性的决定和行为吧。"有一次培训现场，一位学员笑场，怎么也停不下来，我告诉她："你想象着另外一个自己走出你的身体，站在角落里看着你，你试试看。"她马上停止了笑场。"表达情绪"不仅仅指说出来，有时候不说也是一种表达，比如安静地和自己在一起。寻找意义中的"意义换框"就是指对某事件或物品赋予意义，就会产生不一样的感受，从而改变行为。

（三）通过改变行为来影响结果

通过改变自己的行为来影响结果，如图5-4所示：

事实 → 想法 → 感受 → 行为

图5-4　通过改变行为来影响结果

如果仍然无法管理好自己的情绪，那就从行为层面做最后尝试，问自己以下问题：

- 我在这件事中的责任是什么？
- 我的目的是什么？
- 要想实现这些目的我该怎么做？

只有我们先从自身出发找原因，我们才能改变这个世界，因为世界不会变，唯一可变的是我们自己。当我们改变的时候，这个世界也就变了。

本招小结

我是一切的根源,爱是一切的答案。

第六招

提升高绩效销售管理者的沟通力

销售教练需要提升沟通力和激发下属潜能的能力。

其中，沟通力分为三个维度：倾听、提问、反馈。在本章节最后，我会用几个工具将这三个维度串联到一起，看看优秀的销售教练的沟通力应该如何呈现。

在激发下属潜能的部分，我将会告诉大家一个潜能公式和提升潜能的三个步骤。

一 有效倾听——第三层次的倾听

倾听分为三个层次（如图6-1所示）。第一层次的倾听是以自我为中心的倾听，以自己的观点进行判断，按照自己的意愿倾听。如果你有以下任意一个表现，则当下的你是处在第一层次的倾听。比如：

- 为了让别人认为我是乖巧的人所作出的适当的行动；
- 没有集中注意力，在倾听过程中会做一些小动作；
- 将对方说的话按照自己的理解解释，并对对方产生影响力；
- 为了证明自己是对的而找出对方的漏洞进行反击；
- 为了得到一些特定的信息而无视其他方面；

- 思考和准备自己接下来要说的话；
- 把嘴巴闭紧。

第二层次的倾听是以对方为中心的倾听，集中在对方，根据对方的语气、速度、态度等给出反应；比如，很多人可以做到边听边点头微笑或给予语言的回应，"嗯""是的""还有呢"；还有人会身体前倾，眼神专注地看着对方的小三角区域，这些都是属于第二层次的倾听。

第三层次的倾听是倾听对方真正的情感与意图。这个层次的倾听难就难在不是听对方说了什么，而是听对方没说的却要传达出的意思。本章节后面的3F倾听就属于第三层次的倾听。

3F倾听
倾听对方真正的情感与意图

第三层次

以对方为中心的倾听
集中在对方，根据对方的语气、速度、态度等给出反应

第二层次

以自我为中心的倾听
以自己的观点进行判断，按照自己的意愿倾听

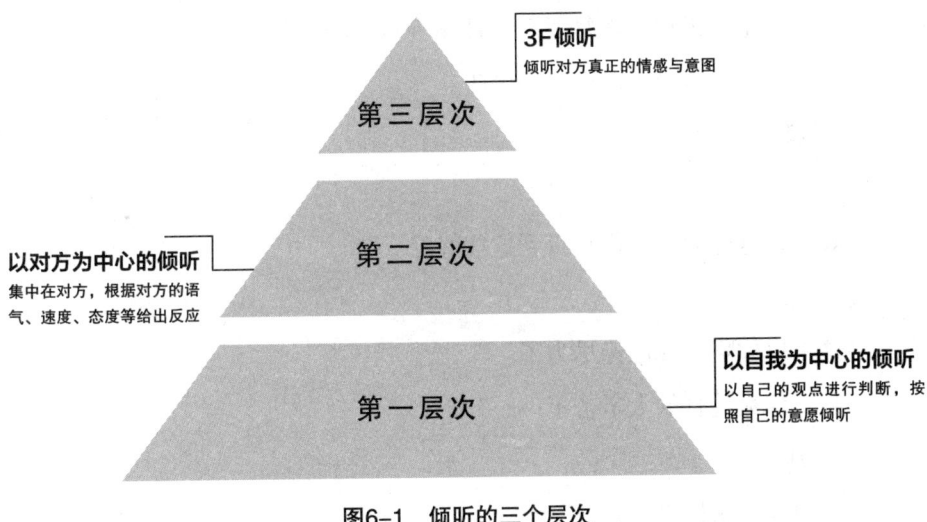

第一层次

图6-1 倾听的三个层次

销售教练的核心技能就是对话的技术，对话最重要的技能便是倾听、提问、反馈。

工具一：深度倾听

深度倾听是指站在对方的角度，做到换位思考，听到对方语言背后的情绪需求等，让对方感受到被理解和被信任，是打开心扉的技术。深度倾听和3F倾听都属于倾听的第三层次，是第三层次的两个不同的工具。

上天给了人类两只耳朵和一张嘴巴，就是希望人们少说多听。有一大部

分人不善于倾听，而且很少有人接受过关于如何倾听的训练。大多数销售教练并不是为了理解才去倾听，而是为了回答去倾听，他们不是正在发言，就是要准备发言。传统的观念认为，辅导他人是说多于听的活动，至于听，无非为了给出建议、安慰、批判才去倾听。事实上，倾听是一种非常重要的对他人表示尊重的方法。如果我们想了解下属的想法，就必须做到深度倾听。

1. 深度倾听的三个步骤

深度倾听可分为三个步骤：接收、回应、确认。

（1）接收

接收，是指先放下自己内心的一切评判，做好倾听的准备。

倾听的准备中最重要的是要有一种倾听对方的心态，做好觉察。

当以下行为过早出现时会妨碍倾听：

① 建议

"你应该……"

"如果你这样做……你将得到这些好处。"

② 安慰

"这不怪你啊，你已经尽力了。"

"哦，你最近真的太辛苦了……"

③ 评判

"不值得为这件事操心。"

"像你这种情况，怎么……"

④ 打断

"这是从什么时候开始的？"

"你想过没有为什么会这样？"

（2）回应

回应，是指通过对方可以看到、听到或感受到我在倾听的一种交流方式。

- 眼神交流；
- 点头微笑；

- 肢体同步；
- 复述；
- 记录；
- 总结。

梅拉宾法则提到的"73855定律"指出，人们信息的表达有55%是通过肢体语言传递的，因此，用肢体的同步、肢体语言的相似性来表达你的回应，能够让对方更加喜欢你、信任你，从而让你的沟通变得更有效。

表达"我听到了"的回应还可以采用复述的方式。需要注意的是，你不需要一字不差地复述，你只需要复述关键词。对此，很多人却表示很难做到。有人说："如果他说你价格很高，难道我也要复述吗？一旦复述出来，对方会不会认为我同意给他降价了呢？"其实，复述只是表示收到和理解信息，并不表示"我同意"。如果有人说："你们价格很高啊！"你只需要说："嗯，看来您很关注价格。"对方不会因为你的这句复述就认为你同意给他降价，但会让对方感到你在认真倾听并理解他。人们的语言反映了他们内心的想法，请在复述时特别注意他们用于描述价值观和目标的词句，因为那些词句对他们来说很关键，必要的时候请记录下来。同时，你要注意下属是如何运用手势和语调来强调的，此时你也可以模仿他们的动作或和他们的语音语速同频。当你准确复述下属表达的关键词时，就表明你重视他们特别关注的事情。复述的方法简单有效，仅复述最关键的词句即可，如果复述过多或者一字不差，也会让对方感到不舒服。

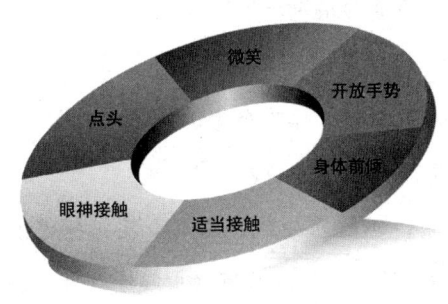

图6-2　深度倾听的姿态

（3）确认

确认，是指理解对方所说的内容，与对方产生共鸣。

如何表示对于双方描述的事情的理解一致？这就需要确认的技能。"确认"不仅能够表明我们理解了下属的想法，让双方产生共鸣，同时也让下属有第二次机会补充核实他所表达的真实意图。

2. 深度倾听的案例分析

案例一

本案例来自《高效能人士的七个习惯》，作者史蒂芬·柯维。

儿子："上学真是无聊透了！"

父亲："你觉得上学很无聊，是吗？"

儿子："没错，学的东西根本用不上。"

父亲："你觉得学到东西对你不实用？"

儿子："对，学校里学的对我不太实用。你看张三，他现在修电脑的技术一流，这才实用。"

父亲："你觉得张三的选择是正确的？"

儿子："嗯，现在他收入不错，可是几年后，或许会后悔。"

父亲："你认为几年后他会觉得当年做错了选择吗？"

儿子："一定会的，现在的社会里，学历不高很吃亏。"

父亲："你认为读书很重要？"

儿子："对，别说高中没毕业，就连大学毕业也找不到好工作。有件事……我真的很担心，你不会告诉妈妈吧？"

父亲："你不想让你妈知道？"

儿子："是啊，不过跟她说也无妨，反正她迟早会知道的。今天学校举行数学能力测验，结果我只有初中程度，可是我已经高二了！"

父亲："所以，你很希望能够提升数学能力，是吗？"

案例二

本案例来自《非暴力沟通》，作者马歇尔·卢森堡。

卢森堡："你生气是因为你想要我的政府改变它使用资源的方式吗？"（虽然我不知道猜得对不对，但关键是我确实关心你的情绪和需求。）

巴勒斯坦人："该死的，我当然生气！你以为我们需要催泪弹？我们需要的是排水管，不是你们的催泪弹！我们需要的是房子！我们需要建立自己的国家！"

卢森堡："所以，你很愤怒，你想得到一些支持来改善生活条件并在政治上独立？"

巴勒斯坦人："你知道我们带着小孩在这里住27年是什么感觉吗？你对我们长期以来的生活状况有一点点认识吗？"

卢森堡："听起来，你感到绝望。你想知道，我或别人是不是能够真正了解这种生活的滋味？"

巴勒斯坦人："你想了解吗？告诉我，你有孩子吗？他们上学吗？他们有运动场吗？我儿子病了！他在水沟里玩耍！他的教室没有书！你见过没有书的学校吗？"

卢森堡："我注意到，你在这里培养孩子是多么痛苦！你想告诉我，你所要的正是所有父母想给孩子的好的教育以及健康的环境，来让他们玩耍和成长……"

巴勒斯坦人："没错，这些是最基本的人权，你们美国人不是说这是人权吗？何不让更多的美国人来这里看看你们给这里带来了什么样的人权！"

卢森堡："你是希望更多的美国人了解你们巨大的痛苦，并意识到我们政治活动的后果吗？"

巴勒斯坦人："是的。"

在某些情境下，特别需要深度倾听：

当双方关系紧张或缺乏信任时；

当对方带有明显的情绪时；

当销售教练不清楚对方的意图时；

当双方带有明显的感情因素时；

当对方表达含蓄或有言外之意时。

3. 深度倾听练习

针对每句话，选出最符合深度倾听的一个选项。

> **谈话一**
>
> 我希望进入一个新的城市一个新的公司以后能够利用自己工作的机会，多和外部社会进行交流。我很注重自己工作的社会性，这对我产生新的想法、提升自己的创造力非常重要，但是这些在我过去的工作中好像都没有实现。

以下属于深度倾听的是：

- "你所说的工作的社会性具体指的是什么？"
- "听起来，你希望有更多的时间和机会与外部社会交流，对吗？"
- "你的意思是大城市缺乏人与人之间的真诚沟通吗？"
- "听起来你是在浪费时间和机会，如果想和外部社会进行交流，那就需要马上行动起来。"
- "看来你需要有更好的方法来推进你的计划，下个月正好有一场市场活动，我可以把你列在组织者名单当中，让你有更多机会和外部进行交流，你觉得怎么样？"

（答案是第二句）

第六招　提升高绩效销售管理者的沟通力

> **谈话二**
>
> 以前，我的事业心非常重，可是随着年龄的增长，事业成功对我来说已经没那么重要了。在公司里，我可能不是最成功的。但是，我现在对家庭倾注了全部的力量，我有一个非常幸福的家庭。

以下属于深度倾听的是：

- "听起来也很合理呀，毕竟很少有人能在事业上达到巅峰，我能帮你什么？"
- "你没有做错啊，到了一定的年龄，要是我肯定也会这么做的。"
- "是的，你到了决定转换目标的时候了，从事业转向家庭。你现在是不是有一点失落的感觉？"
- "随着年龄的增长，你对自己的家庭生活越来越满意了，是吗？"
- "为什么你不觉得自己是公司里最成功的呢？你觉得什么是成功？"

（答案是第四句话）

工具二：3F倾听

3F分别是指事实（Fact）、感受（Feeling）、意图（Focus）。在使用时要走两轮：第一轮先说出对方的事实、感受和意图，第二轮说出自己的事实、感受和意图。这也是深度倾听的一种工具，只是它更结构化，以解决问题为目标。

事实：在对方讲述时，不根据自己的想法或固定观念评判对方，只倾听原本的客观事实。比如：你当时正在……（对方讲述的事物、人、事件等），是吧？

感受：在对方讲述时，感知对方目前处于什么样的情绪，即用同理心去倾听。比如："你现在的心情（感受）是……（描述对方正在感受的情绪），是吧？"

155

意图：在对方讲述时，认真倾听对方真正需要的是什么，真正的意图是什么。比如："你真正需要的是……（直观地认识对方真正的意图，虽然没有用语言表达出来，却是对方内心想表达的意图），是吧？"

如果一开始不说事实而是说判断，很容易引发沟通的冲突。比如，某段时间同事小张不知什么原因一周迟到了三次，他的上司把他叫到办公室，等小张一坐下就和他说："小张啊，你最近总是迟到……"小张的第一反应是"没有啊"。为什么双方未达成一致？因为领导一上来说的是判断而非事实，怎么说才是事实呢？"一周迟到三次"才是事实，而非"最近总是迟到"，一旦对方觉得你说的是判断而不是事实时，双方的沟通就容易引发冲突。

接下来，我们通过几道测试题来看看什么是"事实"，什么是"判断"，从而提升"说事实"的能力。

测试一 开会时A先生总是迟到。

下属跑过来和你这么说，你会怎么回复？你要问事实："他几点几分到会议现场的？"让他在事实的基础上建立对A先生的看法。"哦，他没有准时，他就这一次迟到了。"所以，我们要有看到事实的能力。下属说的这句话是判断。

测试二 B先生很没有礼貌。

这句话同样是判断。B先生说了什么做了什么才是事实。说对方"没有礼貌"一定是通过他说了什么或做了什么做出的判断和结论。

测试三 C先生，今天的会议你迟到了30分钟。

这句话是事实。

测试四 昨天我的老板无缘无故地冲我发火。

有人说这是判断，原因是"无缘无故"。如果去掉"无缘无故"，变成"昨天我的老板冲我发火"是不是就变成事实了呢？如果你这么说，可能你的老板会很委屈。他会说："我没有发火啊，我只是说话声音大了点。"其实，"发火"也是一个判断词。那么，事实究竟是什么？"对我说了什么做了些什么"才是事实。

测试五 X先生开会时一直在忽视我。

这句话是判断。"忽视"是一个典型的判断词。

测试六 永军开会的时候没有问我的意见。

这句话是事实。

测试七 儿子经常不刷牙。

这句话是判断。"经常"是判断词。

测试八 A先生跟我说话的时候一直在抱怨。

这句话是判断。"抱怨"是判断词。

测试九 B先生从不做我要他做的事。

这句话是判断。"从不"是判断词，容易让人从过去推断到现在和未来。

现在你对事实和判断有点感觉了吗？我们不要判断，而要认清事实。当我们给对方反馈的时候一定要给事实而不要给判断，这是我们给反馈的能力。一个人给不了解决方案，很多时候是因为他跟你说的全是判断，而不是事实。当你在面对这种情况时需要让对方产生觉察，你可以提问："事实是什么？"从判断当中看到事实，这时选择方案才会开始出现。如果有一天下属跑来和你说："A组主管有一个素质高的助手，B组的资源比我们多20%，所以我们组做得不好情有可原！"用刚才的方法先剥离出事实，事实是"做得不好"。你可以对他说："嗯，你完成得不好。"他会怎么回答？他会说："是的啊。"在这个过程中，他可能会创建出一个演绎（多为外求的理由），比如"素质高的助理""资源多"等。那么，我们怎么解决这个问题呢？我们可以继续提问："是不是所有没有素质高的助理的小组就一定做得不好？""是不是所有资源不够的小组就一定做得不好呢？"接着可以这样提问："那你觉得让你的小组没有做好的真实原因是什么呢？"这个就是后面将会提到的强有力提问。将3F倾听和强有力提问一结合，一定能把事实和演绎剥离出来。

当下属和你说："老板，不好意思，我的时间观念不好，下次再也不会迟到了。"这时，你应该如何创建思考？

首先，从第一个F，即事实层面开始。事实是下属"迟到了"，原因是"时间观念不好"。然而，不是所有时间观念不好的人都会迟到。"那你觉得让你迟到的真实的原因是什么？"一定要求你先有深度倾听的能力，能听到事实。当你听到事实的时候，对方就会有觉察。这是我们具备的第一个听事实的能力。

其次，从第二个F，即感受层面开始。不同的人在面对同样的事情时，感受可能是不一样的？我们来测试一下。

请你想象一个80多岁的老太太，衣衫褴褛，头发花白，满脸皱纹，身体佝偻地背着一大捆柴。她的脸上浮现着似笑非笑、似哭非哭的表情。此时，你的感受是什么？

有人说："好可怜、好心酸呀……"背后的情绪是同情；也有人说："如果我到那么大岁数能像她一样就好了。"背后的情绪是羡慕；老太太自己这么想："我每天都要这样，得自己背柴回来烧水做饭。"其实，老太太没有特别的感受，她是平淡的。所以，很多时候我们会把自己的感受强加在别人身上。

最后，从第三个F，即"意图"层面开始。当你请别人吃饭，问对方吃什么时，对方一般会回答"随便"。如果他说随便你也说随便那就麻烦了，你掉进了他对你的测评陷阱里。他会想："今天看你到底会点什么给我吃。"吃什么证明了他在你心目中的地位，所以，绝对不能随便。比如，你睡觉睡到半夜却被老婆推醒了，你问老婆："干吗？"老婆问道："你口渴吗？"你如果回答"我不渴啊"，你就完了。所以，我们要有倾听背后意图的能力。

我们来做一个场景的演示。假如我是你的下属，你是我老板。如果今天下午1点钟有一个重要的会议，我必须要参加，在12点半的时候，你接到了我打给你的电话，看看你应该如何应对。

我："老板，下午的会议我不能来参加了。"

你："为什么？发生了什么？"

我："因为我女儿身体不太舒服，我想带她去医院做一个检查。"

你："哦，你有什么打算吗？……还有吗？……女儿生病什么情况？"

我："目前我不知道，我要带她去看了才知道。"

你："有其他人可以带他去吗？"

我："我跟太太商量了一下，她觉得我比她请假更方便一些。我现在所有的心思都在我女儿身上，所以我想找您帮我处理一下这件事情。"

我们来分析一下。当我打电话给老板说"老板，下午的会议我不能来参加了，因为我女儿身体不太舒服"，这时出现了两个立场：第一个是你（公司老板）的立场，第二个是我（下属）的立场。第一句话没有问题："老板，下午的会议我不能来参加了。""发生了什么呢？""为什么呢？"你基本上都会这样询问。"我女儿身体不太舒服"，开始表明我的立场了。

接下来，你的立场在哪里太关键了，这将决定这件事情是不是能够得到解决。第一种："那下午的会议怎么办啊？"这个立场在公司和老板。第二种："哦，你女儿现在情况怎么样？"这个立场在同理，就是我敢于粉碎自己的立场，站在你的立场上看问题。当我站在你的立场上去问的时候，你的感受肯定会更好，这就叫先处理情绪再处理事情。你的下属敢在12点半打电话过来，其实他已经做出了决定：女儿肯定比会议更重要。如果这时你强迫他回来开会，会议的结果肯定不理想。

我们来看看3F倾听能给我们带来什么觉察和思考。

首先，在听到大概的事件描述后，我们先要去平复对方的情绪，通过重复对方的三个F，从复述对方的事实、感受、意图入手。

对方的事实："哦，你女儿身体不太舒服。"

对方的感受："你一定很着急。"

对方的意图："你现在想带你女儿到医院做个检查。"

当我们复述完对方的三个F后，需要回到自己的立场上阐述自己的三个维度，否则事情也得不到很好的解决。

我的事实："如果你下午不来参加这个会议，可能这个会议无法正常召开。我提前半个月通知三个部门的总监开会，有人推掉了本来的安排；如果我重新约，估计很难再约上。"

我的感受："我也很着急。"

我们在表达意图的时候经常会表达成命令，这时我们可以采用开放式的提问来化解。

我的意图："让我们一起来看看既不影响你带女儿去医院检查，又不影响下午的会议正常召开的办法是什么？"要相信对方是有资源的，对方要支持你的想法的前提是他先得到同理。

多年前的一天，我在外地出差。接到我老公的电话，被告知家里请来装修的工人在地上打洞时把楼板给打穿了，打了六个洞下去，楼下邻居要我们赔偿精神损失费。当时，我跟我老公说："你先让工人回去，明天等我出差回来再来处理。"我想好了，这个冲突可以使用3F倾听来解决。

第二天，我回到上海，敲开了楼下邻居的门。楼下住着一个70多岁的老头。

他问："你是谁啊？"

我说："我是您楼上的邻居。"

他说："我找你们找了一天了！"

我说："能不能让我看一下您家屋顶的情况？"

他犹豫了片刻后同意了，但看得出来他还是很气愤的，我看到他家客厅顶上果然有六个洞。

他说："你看看这六个洞多难看！"

接下来，让我们用3F倾听的方式来尝试回应。

我说："确实很难看。"

他说："看着这六个洞，我就难受。"

我说："是哦，如果这六个洞在我家里，我会跟您一样难受，也会很愤怒的。"

当我说完这两句话以后，他说："你比你老公好多了。"

我说："您想尽快处理好这个问题。"当第一轮结束后，该回到我的这一轮了。

我说（事实）："我们真的没想到这个地板那么薄，一打就打穿了，我们也是不小心的。"

我说（感受）："我现在也很着急，特别想帮您把这个问题处理好。"

难就难在表述意图上，即不能直接说方案，因为在不知道对方底线的情况下，无论说什么都不合适，所以，这里就需要提开放式的问题了。

我说（意图）："接下来，您看需要我怎么处理呢？"

他说："这样吧，你找几个人过来把这六个洞补上就可以了。"然后，他没再提什么精神损失费的事了。现在，我们成了关系特别好的邻居。

如此，我用3F倾听，即事实是什么，感受是什么，意图是什么，轻松地解决了这件事情。

练习

有一天上午，我在准备给学员上礼仪课。结果，我突然发现自己的长筒丝袜破了，因为那天要讲裙装必须配丝袜的内容，请问如何用3F倾听化解尴尬呢？

参考答案

对方事实：你们看到老师没穿丝袜。

对方感受：一定会感觉非常诧异和不解。

对方意图：觉得老师是不是不专业、不尊重大家。

我的事实：今天早上才发现丝袜破了，已经来不及买新的。

我的感受：感觉非常抱歉。

我的意图：特别希望能得到大家的谅解。下次我也会多带一双备用丝袜，避免同样的问题再次出现，大家觉得可以吗？

二 强有力提问

强有力提问是指运用提问的方式启发对方思考，帮助对方自行找到解决方案。它是启发思考的技术。

强有力提问可分为开放型、如何型、未来型这三类提问，具体如图6-3所示：

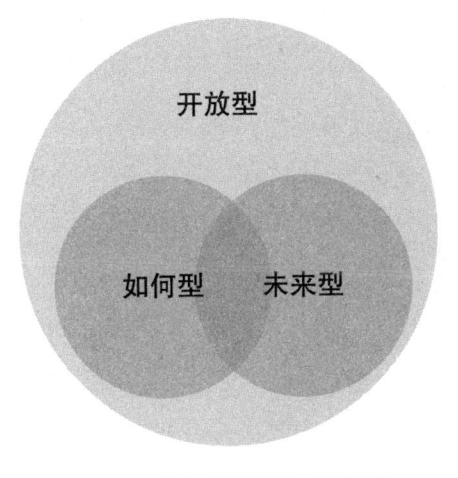

图6-3 强有力提问的三种类型

（一）三类强有力提问

过去，我们的问题导向中会把问题分为两大类：第一类叫封闭式提问；第二类叫开放式提问。选择题或判断题就是封闭式提问，比如："今天中午吃饱了吗？"这就是封闭式提问。又比如："今天中午吃饭是什么感受？"答案是天马行空的，这就是开放式提问。开放式提问是针对"5W3H"的提问，即Who、Why、What、Where、When、How、How many、How much。

例如：最好的/最重要的是什么？你的优势是什么？还有什么方法？可能的方法是什么？何人/何时/何地开始行动？

我曾经在培训课堂上做过一个小测试来练习提问技巧，请你也思考一下，如果是你会怎么提问。

> **练习** 我手上随便写了一个词，请你用封闭式提问把我手上写的是什么问出来。记住，我的回答只能是"是"或"不是"。

你："是人的名字吗？"

我："不是。"

你:"是三个字吗?"

我:"不是。"

你:"是吃的吗?"

我:"不是。"

你:"是用的吗?"

我:"是。"

你:"字的颜色是黑的吗?"(等于白问,毫无意义)

我:"是。"

你:"是文具用品吗?"

我:"不是。"

你:"是几个字?"

我:"我的回答只能是'是'或'不是'。"

你:"是三个字吗?"

我:"不是。"

你:"是人名吗?"

我:"不是。"

你:"是数字吗?"

我:"不是。你看到现在为止最关键的信息一个都没问出来,连这是几个字都没问出来。好,请继续问,我的答案只能是'是'或'不是'。"

你:"是两个字吗?"

我:"是的。什么是好的提问?当问完以后至少一半被切掉了。还有第二种好的提问是多让我回答'是'。来,继续。"

你:"是和我们这两天学习有关的吗?"

我:"是。"

你:"是中文吗?"

我:"是。"

你："是名词吗？"

我："是。"

你："是在这间教室里的吗？"

我："是。"

你："是东西吗？"

我："是。你看，好提问出来了。"

你："是电子用品吗？"

我："是。"

你："是手机吗？"

我："不是。"

你："电脑？"

我："是的。"

恭喜你，问出了答案，但是你提问的过程太长了。其实，如果提问得好的话，十个问题以内就可以知道答案，这就需要提问的精准性，基本上一个封闭型问题可以切掉一半。首先，封闭型问题多数是用来确认结果的，比如确认"我听到的你的感受是这样的……对吗？"如果对方说"不是"，至少也可以让你知道"不是"。其次，封闭型问题是用来给对方做选择的。当我们用封闭型的提问来让对方做选择，选择一定不是平行的，如果是平行选择，对方就会纠结和痛苦。很多企业想挖走原百事可乐的总裁约翰·斯卡利，却都没有成功。结果，乔布斯只用一个问题——"你是想卖一辈子糖水，还是想跟着我改变世界？"——就轻松地把他挖了过来。你发现提问的规律了吗？两个选择，一个是高价值的选择，另一个是低价值的选择，用这种选择的方式给对方创建选择（引导对方坚定地选择高价值选项）。我们再来看看开放型的选择。

开放型的选择叫苏格拉底式的提问。先来看看下面的提问练习。

问："你怎么定义幸福这件事情呢？"

答："自己开心，也让周围人感到心情愉悦。"

问："你平时会做些什么样的事情让自己变得开心？"

答："做自己感兴趣的事情。"

问："特别好。我特别好奇，你平时会对哪些事情特别感兴趣？"

答："对于学习，对自己有帮助的。"

问："因为学习是一个很大的范畴，你最近聚焦在哪些方面的学习上呢？"

答："管理个人情绪。"

问："是什么原因让你觉得管理情绪能力这方面的学习对你来说很重要呢？"

答："想在工作和生活中做适当的自我调整。"

问："当你具备这样一种能力的时候，它会帮你在哪些方面得到改善和提升呢？"

答："让我的心情变得更好。"

问："还有呢？"

答："会在遇到自己感觉没办法解决的事情上不再纠结，而是有选择地放弃或坚持。"

问："刚才听到一个关键词'纠结'，你觉得在平常的生活和工作中，什么事情会让你纠结？"

答："自己有期望，期望很高，但对方不配合……"

下一个问题从上一个问题的核心关键词中而来，懂得听对方答案中的核心关键词，抓住核心关键词去探索背后的价值，这就叫苏格拉底式提问。抓的核心关键词要具备三个特点：可以给到对方正向激发的、对方目前比较关注的、可以对目标做出改善的。

强有力提问的第一种类型是多提开放型问题，少提封闭型问题。

> **作业** 练习苏格拉底式提问法（开放型提问的一种）。
>
> 要求：至少从第一次提问开始能问对方十个问题以上。

第二种类型，强有力提问要求更多提问未来型导向的问题，这种提问方式更注重未来付出的行动和可行性，是帮助对方获得希望的提问，更少地提问过去式的问题。如果问过去式的问题，也要问积极正向的。未来导向型提问相比过去导向型提问更能启发被指导者的思考。

开放型问题范例：

- 你希望达成的目标是什么？
- 下一步你准备做些什么？
- 如果目标达成，你会怎么想？
- 如果这么做下去，三个月之后你觉得会发生什么？
- 三年后，你会对现在的自己说些什么呢？

第三种类型，多问如何型的问题，少问"为什么"的问题。

一天早上，你的闺蜜来找你。

闺蜜："我今天特别不开心。"

你："为什么不开心？"

闺蜜："因为昨天跟老公吵架了。"

你："为什么跟老公吵架？"

闺蜜："因为老公不听我的。"

你："为什么老公不听你的？"

你这样提问只会让对方越来越难过。优秀的销售教练在提问时，一定会给对方创造更大的空间，而问"为什么"的问题，只会让对方感觉没有选择。前面我们提到要多问开放型问题，"为什么"的问题更像是封闭型的提问（因为是已经发生的事情，所以答案就是确定的），只会让对方聚焦在一个点上，故而要少问别人"为什么"，把"为什么"变成"如何"或"发生了什么"。比如：闺蜜说："今天特别不开心。"你回答："如何才能让你变开心呢？"如何型问题，是直接导向行为、导向改善的。如何型提问的特点是问句中含有"如何"等的关键词。这种提问方式将帮助对方积极面对现状，不会导致抵触情绪的产生。

面对过去不满意的状况，问为什么的问题往往会使对方感到有压力并引起防御心态，会去找外因从而陷入解释之中，这样只会在无意间将对方推向对立或防守的那一面。

如何型问题范例：

- 为了实现目标，你将如何去做呢？
- 你将如何应对目前的挑战？
- 你如何迈出第一步？
- 如何拿到你想要的结果？
- 如果钱不是问题，你会如何做呢？
- 如果比你更有经验的人在这里，他会建议你如何做呢？

约翰·惠特默在《高绩效教练》一书中指出：达成目标固然非常重要，但是如何通过最佳途径达成目标更加重要。约翰·惠特默在"谁的目标"中指出：我们永远不应该低估关于选择和责任感对自我激励的价值。当我想做的时候，我的表现会比我不得不做的时候更好。我想做是为了自己，我不得不做是为了你。自我激励来自自我选择。

那么，什么时候可以不再提问？当答案非常清晰或者通过提问已激发不出对方思考的时候，我们就应该停止提问，否则可能招致对方的反感。在国内，更建议销售教练采用C+T结合的模式，即以教练（Coach）和告知（Telling）相结合的方式与下属沟通。当对方缺乏技能的时候，销售教练可以分享自己的经验或直接给建议，之后马上回到教练的状态，一定要让对方有得选。比如，我们可以问："你怎么看？""你怎么想？""你觉得呢？"这样，对方在思考之后自行说出解决方案，他将有更大的意愿去做到。随着下属能力的提升，销售教练的T将减少，C将增加，从而促进员工的成长。

（二）强有力提问练习

练习一 请将如下封闭型问题改成开放型问题。
- 你觉得这次培训效果好不好？
- 你不能在见客户之前先了解清楚客户的情况吗？
- 你可以在承诺的时间前把客户签下来吗？
- 你还有其他的想法吗？
- 你有没有办法兼顾工作和家庭？

练习二 请将如下过去型问题改成未来型问题。
- 这段经历让你最难过的是什么？
- 回顾一年的工作，你最失败的是什么？
- 上一次是由什么问题导致的？
- 上一次不也错在这里吗？
- 过去三个月，绩效达不成的最大困惑是什么？

练习三 请将如下"为什么"的问题改成如何型问题。
- 为什么又没有达标？
- 为什么不找领导谈谈？
- 为什么不和对方确认一下？
- 为什么事情没有进展？
- 为什么不找同事一起和客户沟通？

作为销售教练，有时候难免需要了解问题背后的原因，如果一定想要问为什么，就将为什么改成"是什么"。

三 有效反馈

有效反馈，是指运用观察的方式对对方的行为用语言给予反馈的技术，是激发行动的技术。

我们来体会一下传统管理者和销售教练的不同反馈和结果。

传统的销售管理者是这样反馈的：

员工："这个客户简直不可理喻，这么凶，真当自己是上帝啊！"
主管："你看他这么不讲理，干吗跟他一般见识！"
员工："我也不想呀，忍不住呀，你看他那咄咄逼人的样子！"
主管："我建议你以后不要理这样的人，不行说几句好话就好了嘛。"
员工："我看到她的脸色就说不出好话来。"
主管："那也要说啊，他要是闹到老板那里去，我们都不好办。"
员工："闹就闹吧，大不了不干了。"
主管："胡说，你不要干我还要干呢，你这脾气也要改改。"
员工："我尽量。"
主管："不要尽量，是一定要改。怎么说我们也是做服务行业的！实在不行，下次叫我，我来处理吧。"
员工："好的，领导。"

销售教练是这样反馈的：

员工："这个客户简直不可理喻，这么凶，真当自己是上帝啊！"

主管："客户让你受气了是吗？"

员工："是啊，我说什么都不听，还一直凶巴巴的，要是有货我怎么会不给他呢？"

主管："如果你是那个客户，碰到着急要货却没货的情况会怎么样呢？"

员工："很气愤吧，可能会找到对方公司的领导理论，但是也不会闹这么凶啊！"

主管："是的是的，真的让你受委屈了。"

员工："就是说啊，领导。"

主管："那当客户很气愤地找你时，你是老板，你会怎么做呢？"

员工："应该会耐心地跟他解释，请他谅解吧！毕竟是老客户了，这次确实是我们公司调整了出货期。"

主管："以后再遇到这样的客户，你会怎么做呢？"

员工："心平气和一点，想着他下次还要来采购，耐心地和他解释，找到令双方都满意的解决方案。"

主管："好的，下次试一试。"

员工："好的，谢谢领导。"

本章节将教会你有效反馈背后的原理和工具。

本测评（如表6-1所示）参考《反馈：掌握给予和接收反馈的艺术》，作者玛丽埃塔·科普曼斯。每小题1分。

表6-1 测评表

情况	是	否
1.一般情况下，我会尽量避免对别人的行为给予反馈。	☐	☐
2.给予反馈时，我并不介意对方的感受。	☐	☐
3.我不是一个善于赞美他人的人，我觉得这样做可能会让对方尴尬。	☐	☐
4.给予反馈时，我觉得针对"人"要比针对他或她的具体行为给予反馈简单得多。	☐	☐
5.给予反馈时，我经常会把对方的行为与他人的行为进行比较。	☐	☐
6.当对一些事感到厌烦或愤怒时，我会立即给予反馈。	☐	☐
7.我尽可能避免批评别人，因为大多数人听了以后会感到不舒服。	☐	☐
8.给别人正向反馈让我感到不自在，因为它听起来很虚伪，好像是在恭维。	☐	☐
9.因为我自己也会犯错，所以我从不给予别人负向的反馈。毕竟，人总是会犯错的。	☐	☐
10.我认为指出别人的错误远比尝试去解决这一错误更重要。	☐	☐

对于以上问题，很多人的答案是肯定的。这就表示他们不善于处理反馈，宁愿选择回避。其实，开诚布公地给予反馈的沟通方式，会促进对方改进行动，最终提升工作绩效，也有利于双方建立信任关系。理想情况下，以上回答全部应是否定的。

销售教练在学会辅导之前，首先要修炼好自身的沟通力，了解沟通的逻辑，学会觉察自己情绪，才能管理好自己的情绪，继而做到觉察他人，做好人际互动。

工具一：BIOS有效反馈模型

玛丽埃塔·科普曼斯在《反馈：掌握给予和接收反馈的艺术》一书中指出，提供反馈使你有机会告诉对方他们行为的影响，从而获得积极的成果。

- 激发对方的内驱力，保持工作热情。
- 建立信任的工作关系，创建能促进对方成长的工作环境。

- 阐明自己的期望，并确保对方正确理解。
- 改变对方的行为，强化或得到你想要的结果。
- 更多地了解自己，了解自己和他人的相互影响。
- 通过反馈，进行自我启发。

综上所述，给予对方反馈对自己来说也是一个绝好的机会，它能够提高自我意识，了解自己，了解他人，发展和保持良好的工作关系，得到预期的结果。

BIOS有效反馈模型如图6-4所示：

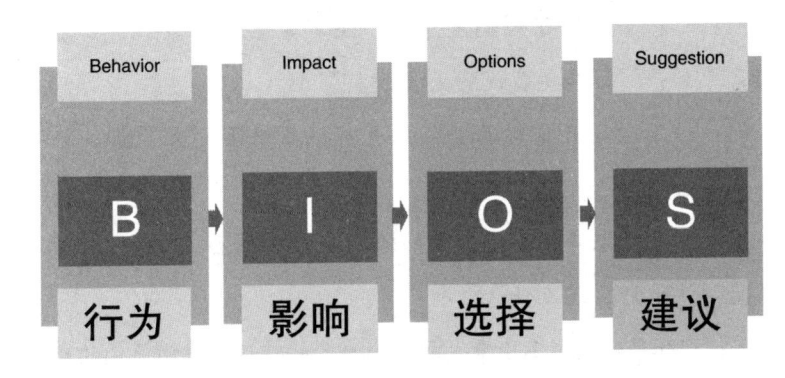

Behavior	Impact	Options	Suggestion
B	I	O	S
行为	影响	选择	建议

图6-4　BIOS有效反馈模型

首先来说说"行为"。如果对方是正向的行为，你希望他继续保持，那么以上模型可以简化为BIS，其中的"S"就是认可和支持，激励对方持续做同样的行为。如果对方是负向的行为，那就需要采用提问的方式，来引导他想出更多的方案选项。如果对方想不出来，为了让对方能够更愿意去行动，你的建议一定要多于两个，最好是三个，这样可以让对方有得选。只有他自己选择的，他才会愿意去做。

比如：

- "我看到你最近客户拜访量非常高，签单率也在逐步提高，给其他同事做了非常好的榜样。非常棒，继续保持。"
- "你的工作总结做得简洁明了，让人一看就明白，我非常喜欢。"

开会时只顾自己一个人说。

问："你觉得开会的目的是什么？"

答："讨论问题。"

问："我们有听到别人讨论吗？"

答："没有。"

问："别人没有发言机会，参与度就会降低，对于讨论结果可能会比较难执行。那你觉得怎么做可以让别人有更多的发言机会？"

答："嗯，我觉得是他们自己没想法。"

问："很好。除了他们没想法，还有其他原因吗？"（直到他找到内因，比如："可能是我说的太多了。"）

问："下次还开这样的会，你也有很多想法，除了像今天这样，还有其他方法吗？"

答："也可以停顿一下，问问他们有什么想法。"

问："很好，还有什么？"

答："如果他们说不出来，就提出自己的建议再询问他们的想法。"

问："很好，还有什么？"

答：……

问："好的，就按你说的试试看吧！"

我们要遵循以下法则：

一是聚集于对方的行动，要具体简洁，描述对方说了什么做了什么，突出实现目标的关键行为；

二是不仅要认可结果，也要对过程的努力给予认可；

三是提问从目前行动可以获得的未来成果，以激发行动的动机；

四是及时和真诚地认可和支持，激励对方持续同样的行动。

第六招　提升高绩效销售管理者的沟通力

小结　有效反馈BIOS五步骤话术

- 我注意到……

  当行为发生时描述员工的行为。

- 你觉得……

  让他说出该行为的影响。

- 有没有什么办法可以（不那样）……

  如果可能的话，让他自己找到解决的办法。

- 很好，还有什么。

  认同他所说的，并且让他自己找到更多的解决办法。

- 我同意，并且……

练习　记录近期一次反馈事件（如表6-2所示），逐步提升BIOS的使用技能。

表6-2　反馈事件记录表

具体情况	日期　　　年　　月　　日　　姓名	
反馈事件		
表达的内容	B（具体行为）	
	I（行为的积极/负面影响）	
	O（具体的解决方案） —仅针对负面影响的事件	
	S（建议） —持续（积极影响事件） —改进（负面影响事件）	
对方反应		
我的感受		

工具二：一分钟管理

　　一天下午两点多，我发微信交代下属一件事情：要求其通知部门员工第二天下午召开一个临时会议。结果到晚上八点多，我也没收到下属

175

的一个回复。于是，我给下属打了一个电话。

我："我发的微信你看到了吗？"

下属："我看到了。"

我："通知发了吗？"

下属："发了。"

我："外出调整及会议工作安排等事宜都协调好了吗？"

下属："季总，您放心了，我都做好了！"

我："那你怎么没给我回一个微信或电话反馈一下啊？"

下属：……

反馈的第一个作用就是给对方一个安定感，以此来增加双方的信任感。

反馈的第二个作用就是帮助对方提升工作效率，从而实现更大业绩的提升。

一位管理学大师曾说："想想你自己，你在什么时候工作得最出色？是在你自我感觉很好的时候，还是在你自我感觉不好的时候？"我回想了一下，一定是在自我感觉好的时候能够完成更多的工作。所以，帮助别人获得良好的自我感觉就是提高效率的关键。这个"效率"不仅仅是完成工作的数量，还包括工作的质量。

反馈的第三个作用是让被反馈者提升自信、充满力量，从容面对未来的困难，从而改变其人生。

当我还是一个小白的时候，我就清楚地感受到，如果我的领导坦白地对我的工作做出评价，我就更容易把工作做好。当时，我刚到一个新的单位，无论我做什么，总是发现背后有一双眼睛在注视着我。一开始，我感到非常紧张，我以为新领导会像之前的领导一样一看到我做得不好的地方就批评我。但是，让我感到吃惊的是，无论我做什么，我的新领导都能给我及时的反馈。而且，无论是批评还是表扬，他及时的反馈总能给我力量，让我的自我感觉变得更好。经过观察，我终于发现了这种神奇的反馈艺术背后竟然有章可循。这种反馈艺术就是"一分钟管理"。一分钟管理分为一分钟目标、一分钟表扬和一分钟批评。

1. 一分钟目标

首先,没有目标就没有标准,不知道应该反馈"表扬"还是"批评",不明确和不清晰的反馈就是无效反馈。

其次,一分钟目标是指必须手写下来的口述大概一分钟的目标。人的语速大概是180~220字/分钟,一分钟目标就是指写下来大概字数在200字左右的目标,任何人都应该做到能在一分钟内把自己的目标说清楚。这样,销售教练和销售人员各持一份,一切任务就变得清晰了,双方也可以根据这些目标描述来定期检查工作进度。

最后,目标不需要很多。根据"二八原则",真正带给你成功的是20%的目标,即我们的关键任务——你需要协助下属让其选出对他实现大目标最重要的三个小目标。每个人从一开始就知道要得到什么样的结果,学会拆解目标。

接下来,我们来举例说明大目标要拆解成小目标的重要性。

我有一位朋友的大目标是"10年后成为一个身体和心理都健康的人"。他对于健康的定义是没有"三高",即血糖、血压、血脂却是正常的。如果只是这样,接下来他需要做些什么好像很模糊。于是,他把远期目标变成了一个近期目标:"今年7~9月减重25斤(体脂量下降8%)。"这个目标是可以再拆分的,我们先把它拆解到这个颗粒度。通过咨询身边成功人士的经验了解到,如果要成功就需要做三件事:少吃(每天热量控制在1300卡内)、多动(运动消耗热量达600卡),并且做到坚持这个新的生活习惯。"少吃、多动、坚持"这三件事又列出了N个具体的行动,比如:

- 不吃油炸;
- 一天消耗600卡以上热量;

- 游泳；

- 不吃零食；

- 晚上6点后不吃饭；

- 爬楼梯；

- 爬山；

- 跑步；

- 瑜伽；

- 不喝饮料；

- 找人监督（打卡或发朋友圈）。

他再从中选出他意愿度最高、能持续做下去的几件事：一天消耗600卡以上热量、跑步、不喝饮料。然后，将这几件事细化到每周甚至到每天每小时，坚持做到……最终他真的实现了这个近期目标，向他的长期目标又迈了一步。

小结 一分钟目标的五步骤

- 销售教练和销售人员就销售目标达成一致（达成一致的提问详见本章节GROW模型）；

- 销售人员用如上方式将销售目标拆解成三个小目标，按表6-3制订出行动计划；

- 用不超过200字描述每个小目标（含行动计划），并且写在一张纸上；

- 每天至少读3次目标，每个目标用时1分钟；

- 每天至少3次，每次用1分钟时间来审视自己的表现，看看自己的行动是否与目标一致，及时纠偏。我们只将时间花在重要的事上。所谓"重要"，就是指能实现目标的事情上。

表6-3 三个小目标的制订

五年计划：
三年计划：
一年计划：

| WHY | 为了身体健康，达到理想的身高体重比，我必须要在三个月内减重25斤 |||||||

WHAT 做什么	HOW 如何完成	WHO 责任分工	WHEN 什么时间做	WHERE 在哪完成	HOW MANY 做到什么程度	HOW MUCH 费用预算	完成情况
运动（多动）	每天走路2公里至逐步跑5公里	家人、同事监督	上下班路上	上下班路上	跑5公里消耗500卡	1000	
	上班爬20层楼梯		中午休息时间				
	每周打两次球		周三、周五晚上	球场	每次2小时消耗1000卡		
健康饮食（少吃）	晚上6点后不吃东西	找一个监督人打卡软件测评	从今天开始		坚持3个月每天摄入1000~1200卡	2000	
	每周吃两天素食		周一至周五				
	每天水果+蔬菜不少于1000克		周一至周五				
	1周吃1次零食		尽量放周末				
定期检查（坚持）	每天测量一次体重，把体重记录下来发给监督人	朋友圈监督	每天				
	分享心得		每周一次				

2. 一分钟表扬

一分钟表扬比一分钟批评好的地方是通过发现对方做对了什么，帮助对方充分发挥潜能。我曾经表扬过一个人，说他特别有时间观念，后来才知道他之前根本不是这样的人，他只是碰巧守时了那一次。神奇的是，后来他在我面前永远是一个"有时间观念"的人，这就是表扬的巨大威力。

你会不会经常这样表扬一个人："你太棒了！""你太厉害了！""你太聪明了！"……这些都是无效表扬，因为下一次他想继续做好，都不知道应该做些什么，反而可能为了证明自己是"棒的""厉害的""聪明的"而不敢表露出自己不优秀的地方，阻碍自己持续进步，因为他不知道应该持续表现出什么样的具体行为。

在一次培训中，我问了销售管理部门一个问题："在大多数的组织中，管理者总是在做什么？"

销售管理者笑了笑说："给下属挑错。"

"对极了！"我说，"但是我们需要把重点放在另一面，我们需要去发现下属做对了什么。"我停顿了一下，继续说道："然后，我们需要给下属一个一分钟表扬，通常是友好地拍拍对方的肩膀或类似的举动，这会让下属感到友好、关心，感受到领导希望他有好的发展。下属越成功，你在组织里的地位也就越高。你注视着他的眼睛，告诉他这件事对在哪里，你还需要说这件事让你感到多么高兴。"台下突然有人提问："这会不会占用管理者很多时间？"我答道："其实不会。有效的称赞常常连一分钟都用不了，但是它的好处却非常明显。首先，下属刚刚做对了一件事就得到了称赞，这样一来，他根本不用等到半年度或年度绩效考核时才知道上司对他的表现是满意的，激励的效果会更好。其次，我们能具体指出他哪里做对了，会让下属知道我们的称赞是真心的，而且对他做的事情很熟悉。最后，这说明我们是可靠的。如果我们不把工作中其他事情的负面情绪影响到对下属的表扬中，会让对方觉得我们很公正、很可靠，哪个下属不喜欢这样的领导呢？""当然，"我补充道，"我们绝大多数人也是领导的下属，万一领导不擅长表扬我们，我们要懂得自己表扬自己。有一句名言是这么说的：'如果自己的喇叭自己不吹，别人就会把它当成痰盂。'"台下的销售管理者们心领神会地笑了起来。

第六招 提升高绩效销售管理者的沟通力

> **小结** 一分钟表扬四步骤
> - 表扬事实（具体行为）；
> - 这件事带给你的感受（停留30秒）；
> - 表扬人（具有的品质）；
> - 鼓励（相信他可以继续做得更好）。

3. 一分钟批评

如果下属做一项工作花费了很长时间，也知道如何做好它，却犯了错误，那么你应该很快有所反应。你需要走上前和他确认事实；然后，你可能会拍拍他的肩膀或走到办公桌的另一边，告诉他这带给你的感受（生气、难过、心烦或其他），停顿30秒，让他充分感受到对你带来的感受的影响；接着；指出他错误的具体行为，这样的好处是让下属知道你不是在毫无根据地泛泛而谈，而他也不能随意地糊弄过去；最后，你一定要表扬他的品质或能力，给他鼓励和相信他未来可以做得更好。

因为最终你并不是指责他本人，而只是指责他的行为，这样他就比较容易心平气和地接受批评，而不是想方设法地为自己找借口或把责任推到其他人身上，下属也会知道你做事非常公平、非常可靠。

> **小结** 一分钟批评四步骤
> - 批评事实（具体行为）；
> - 这件事带给你的感受（停留30秒）；
> - 表扬人（具有的品质）；
> - 鼓励（相信他可以继续做得更好）。

为什么一分钟管理是有效的？前面我们说一分钟管理包括一分钟目标、

一分钟表扬和一分钟批评，我们再结合具体的案例深入了解一下。

一分钟目标设定就是提高工作效率的一个基本工具。拿出一分钟重温你的目标，审视你的工作行为，看看你的行为与目标是否一致。同样的方法也适用于你辅导下属使用一分钟目标。

如果你没有打过保龄球，你一定看过别人打保龄球。当我们投了一个好球，把所有的木瓶都撞倒的时候，你会不会感到特别兴奋呢？但在实际的工作场景中，很多人连木瓶在哪里都不知道。如果你连木瓶都看不到，你就不知道为什么要做这件事；你不知道自己打倒了多少木瓶，你就永远不会有这种兴奋感。我相信大部分的销售教练都知道自己想让下属完成什么工作，他们只是不想费力地跟下属解释清楚罢了。他们想当然地假设下属们应该知道木瓶在哪里。当你把木瓶摆好，但是投球的人上场之后却发现木瓶前面挡着一个帘子，他抛出球，听到木瓶倒下的声音，却不知道自己打倒了几个木瓶。当你问他们球打得怎么样时，他们只能说，还行吧。其实，人们行动的很大动力之一来自结果的反馈。可是，我们是如何给下属反馈的呢？我们拥有的是另一套打保龄球的规则。当投球的人上场的时候木瓶还是摆得好好的，当然，前面还是有一个帘子遮住了木瓶。当投球人将球抛出后，他能听到木瓶倒下的声音，却看不到击倒了几个，这时监督者就会告诉他结果。你觉得监督者更有可能告诉他撞倒了2个木瓶，还是告诉他漏过了8个呢？没错，我们常常给对方的反馈是负面的，我们经常看到对方做错的地方。

一分钟表扬为什么有效？我们来看看几个简单的例子，这些例子说明我们都在寻找让自己感觉好的东西，同时也在尽量避免那些让自己觉得不舒服的东西。

假设你将一只没有经过训练的猴子放进箱子里，然后让它从箱子的左下角跑到右上角，同时按下一个红色的灯。当它完成这一系列动作时，你才会给它食物，你觉得结果会怎么样？大概率它会饿死。因为它不知道自己要做什么。那么，怎么才能引导它最终按下那个灯呢？只要它朝向正确的目标前进一小步，你就给它一些奖励。比如，在箱子的左下角画一条线，只要它走过这条线，你就投给它食物作为奖励。很快，猴子就会知道它需要走过这条线。但你最终的目标是箱子的右上角，不仅仅是走过这条线。所以，你可以在这条线的附近再画第二条线，只要它走过第二条线，你又可以给它一些食物作为奖励。就这样，你一步一步地引导它最终走向右上角的位置，并按下那个灯。猴子每朝向目标前进一小步，做对一件事就要及时给予正向反馈。之后，如果它在完成一个小目标后，你不要继续给它喂食，直到它最终到达右上角的目标并按下红灯时，你再给它喂食。

设定一个个小目标非常重要。因为训练人完成一项新的任务的关键，就在于一开始的时候帮助他们大概做对，然后再渐渐地引导他们把事情全部做对。当我们与孩子或小动物打交道的时候，一直会运用这种理念，但是当我们和成年人在一起的时候，却常常忘记了这个道理。

如果你去海洋公园看过海豚表演，或许你有过这样的经历：海豚会越过水面，高高跳起，当它们落入水中时，水花可能会溅湿前几排的观众座位，此时观众席会响起雷鸣般的掌声。那么，海豚是怎么做到的呢？因为他们是经过训练的。一开始，海豚训练师会把绳子放在水池的最低处，只要它们从绳子上游过，就能得到食物。慢慢地，这些绳子的高度将被拉高，直到与水面平行。只要它们从绳子上面游过去，还是能得到食物作为奖励。最后，他们会将绳子继续抬高，直到海豚学会高高地跳出水面，并从绳子的上方跃过。训练下属正确的行为也是同样的道理，及时给予正向反馈和激励，帮助他们达成目标。

大多数销售教练会一直等待下属把一件事情做得完美的时候才会称赞他们，结果很多下属没有办法充分发挥他们的潜力，取得最好的成绩。以训练猴子为例，如果把猴子放进箱子之后，不仅要等它按下红色灯后才能给它食物，而且还在箱子里面安插许多电网，不停地用惩罚的方式来对待它，你觉得最后的结果会是什么？由于猴子不断地受到惩罚，又不知道怎么做才是正确的。过了一段时间之后，它就会钻到箱子的角落一动也不动。对它来说，周围充满了恶意，根本不值得自己去冒风险。

销售教练们通常也是这样对待没有经验的新人的。一个新人加入公司后，我们欢迎他加入，带他到各个部门跟同事们打招呼，然后就把他们晾在一边不管了。对于他们所做的工作，我们不仅没有表扬，还会不时地打击他们，好让他们工作得更加努力，我们称这种方式为"放任—打击"方式。你把一个人放到一边，希望他做出优秀的成绩，一旦发现他没有达到你期望的标准，你就会毫不留情地打击他、批评他，这不正是像驯猴一样吗？结果这些经常受打击的人总会尽量少做事情。下属不尽如人意的工作表现，多半是由销售教练缺乏管理经验导致的。

当我们的下属，特别是经验不足的新手在没有取得好的成绩或没有做好事情时，我们应该做的不是惩罚或者批评，而是应该回到一分钟目标设定，确保他们明白自己应该做什么，以及什么才是好的工作表现。更重要的是，你需要在一旁努力创造机会，对他们进行一分钟表扬，因为比起批评来，人们更喜欢获得表扬。当然，一分钟批评也是需要的，并且是有效的。

有效的一分钟批评需要建立在反馈的及时性上。很多销售教练喜欢在下属犯错的时候三缄其口，直到季度末或年度末做工作总结或者心情不好的时候，或者觉得下属们犯的错误实在太大了，让人无法忍受的时候，新账老账一起算，历数下属在过去几周、几个月甚至更长时间里做错的各种事情。如果你能早一点提出自己的意见，就可以一个一个地处理那些错误，受到批评的人也不会觉得那么难以接受，反而会认真倾听上司的反馈。接受批评的人能够听进去反馈信息的关键在于每次只针对一个行为进行批评，这会让人感觉更公平、更明确。

在进行一分钟批评的时候，不要进行人身攻击，也不要贬低他们的价值，而是只批评具体的行为，肯定他们的品质和能力，保护好他们的自尊和自信。一分钟批评的目的是消除错误的行为，保留住有价值的人。一分钟批评首先需要告诉对方哪些行为是错的，让他知道这些行为给你带来怎样的感受，同时提醒他还是一个非常有价值的人，从而让他改变自己的行为。在表达具体行为时一定要尽量遵从事实，即他说了什么、做了什么，这才是事实。

目标引发行为，结果巩固行为。

工具三：赋能反馈四步骤GROW

在教练领域，还有一个经典的反馈的工具叫GROW，通过四个步骤，引导下属聚焦目标，找到现状和目标的差距，思考解决方案，并带着高意愿度去行动。

B过来找他的上司A："领导，我最近在谈的客户C遇到了问题，他一直说忙，不肯见我，您看我应该怎么搞定客户C啊？"A直接告诉B："这样，你就说我们领导想见你，一切都好谈。"结果，A发现B开始抱怨了："这个办法以前用了也无效啊，再说领导只能去一次，以后又怎么办呢？"

你有没有发现，生活中有一种状况，当你给对方提建议时，无论你给他提什么样的建议，对方都会下意识地告诉你不行。相信人的潜能的意思就是，我们要相信80%的人是带着答案来找你的，他们有自己的答案，他们有资源解决这个问题。在上面的案例中，如果A把给建议、直接下命令换成提问："你有什么好的想法吗？"B就会开始思考，因为这件事的责任人就是他，无论他想出什么方法，他都会觉得有道理，他都会更愿意去做。那又有人会说，这样B就会把这件事情做好了吗？还不够，A还需要继续提问，这就是销售教练存在的意义。我们需要用提问的方式来引导对方把事情做好。

在一个建筑工地上，领导对一个工人说："去工具房里拿个电钻过来！"工人去了好久，回来说："工具房里没有电钻。"这种情景在工作中其实很常见，对这个工人来说，他是去帮你完成任务，工具房里没有电钻是你的命令不对，跟我没有关系。如果领导这样说："我们现在需要一个电钻才能完成这件事，谁愿意来负责？""我来！"这时，他会开始想哪里有电钻，然后主动尽力地去寻找。

GROW这四个步骤，就是目标、现状、选择和意愿，这四个步骤能够帮助对方实现自我责任，同时认清自我的现状。

接下来，我们一起来了解一下这个工具。

1. GROW是什么

约翰·惠特默提出的GROW模型已经成为教练领域使用最广泛的模型之一。

（1）G——Goal，聚焦目标

很多时候，当下属来找我们的时候，他们更多地会从描述现状开始，特别是现状中遇到的困难和问题，最后变成对问题的抱怨。所以，销售教练一定要重新回到第一步的"目标"，如果听不出目标，我们也要通过提问来明确对方的目标，原因有以下两点，首先，销售教练一定是以结果为导向的，以终为始是教练的准则，只有明确了方向，才能知道从哪里出发，所有的讨论才是有价值、有意义的。

其次，我们需要迅速把对方从负面的能量中引导出来，否则，下属就会被过去的表现所局限，只能取得很小的进步而不是更大的成就。过于关注眼前的挑战或者短期的目标，只会让我们远离长期目标，甚至迈不出第一步。

明确对方想达到的目标后，把目标转化为符合SMART原则的绩效目标，将鼓舞人心，而且它的可操作性强。

目标设定的常用提问

- 今天想谈点什么？
- 你的目标是什么？
- 你希望从这次交谈中获得什么？
- 如果你知道答案的话，那是什么？
- 具体的目标是什么？

- 我们有30分钟交流时间，你觉得最重要的事是什么？
- 你期望达成的目标是……，对吗？
- 你想要的是……，对吗？
- 实现目标的标志是什么？
- 如何知道达成了目标？
- 如果用1~10分来衡量你的目标，10分是最满意，你会打几分？
- 什么时候实现？
- 如果需要量化的话，拿什么来量化你的目标？
- 实现这个目标的意义是什么？
- 你真正想要的是什么呢？还有呢？
- 你想要获得的成果对你工作的其他方面会产生怎样的影响？

我以我的孩子刚结束的期末考试为例。当给孩子做教练的时候，第一步应该让他看到一个清晰具体的目标。首先问他："你的期末考试的目标是什么？"他最开始说："我想考全班前十名。"显然，目标不够清晰。我接着问："能到全班前十名的标准是什么？"最后追问到他每一科需要拿多少分，他现在离目标还有多少分的差距为止。一个可以量化的目标才是清晰的目标。

（2）R——Reality，了解现状

清晰目标之后的第二步是了解现状，这里的"现状"是指和目标相关的现状，只有当目标清晰了之后，现状才可能变得更加聚焦。比如"5W3H"的问题，我们可以从"是什么""何时""何地""谁""多少"的问题开始，这些问题都是基于对事实的描述，有助于下一步的分析判断。当我们了解的现状和当初的设想有所不同时，也可以重新调整目标。要注意的是，了解现状的阶段，尽量不要问"为什么"的问题，因为这个问题很容易引发对方的防御心态。

了解现状的目的是提升对方的觉察力，为下一步探索方案打下基础。教练不需要穷尽所有问题，只需要提问关键问题，并确认对方对于现状清晰明确就可以了。

了解现状的常用提问

- 目前的状况怎样？具体的数字？
- 你如何知道这是准确的信息？
- 影响目标达成的要素有哪些？还有呢？
- 这是什么时候发生的？
- 这种情况发生的频率如何？
- 你都做了些什么去实现目标？
- 都有谁和此相关？
- 他们分别是什么态度？
- 是什么原因阻止你不能实现目标？
- 和你有关的原因有哪些？
- 是什么令你……？
- 其他相关的因素有哪些？
- 你有哪些资源？
- 你有哪些优势？
- 你可以把握的机会是什么？
- 你都试着采取过哪些行动？
- 这个行动的结果是什么？
- 在目标不能实现的时候你有什么感觉？
- 用1～10分来衡量你的目标，你现在能打几分？
- 根据目前的做法，效果怎么样？

这一步可以让对方更清晰地审视自己，在问他"你都试着采取过哪些行动"时，他不好意思地笑了笑说："老师，我有点懒，每次都是坚持两天就放弃了。"如果我一开始就批评他"你就是太懒了……"你觉得他会接受吗?

(3) O——Options,探索方案

接下来就是第三步,探索方案。

探索方案最常见的错误是急于找到正确的答案,而这个阶段最重要的不是想法的质量而是想法的数量,尽可能激发下属的创造力,鼓励对方产生更多的想法比产生高质量的想法重要得多。只有想法足够多,才有可能从中选出具体可行的行动方案。

探索方案的常用提问

- 为改变目前的情况,你能做什么?
- 接下来你要做什么?还有呢?
- 可供选择的方法有哪些?
- 你打算什么时候做?
- 假如你的资源足够,你会如何做呢?
- 假如你身边的朋友给你一个建议,会是什么呢?
- 假如你是领导,你会怎么看呢?
- 三个月后,假如你已经达成这个目标,你觉得最关键的是什么?
- 你可以从哪里获得资源?
- 你曾经见过或听说过别人有哪些做法?
- 如果……会发生什么?
- 哪一种选择你认为是最有可能成功的?
- 这些选择的优缺点是什么?
- 做到了上面几点,你觉得可以达成目标?
- 这个新的方案会实现你的目标吗?
- 今天的谈话结束后,你的第一步行动是什么?时间、地点?

很多人在这一步容易被反问："我实在是没办法了才来找你。""想不到了。""不知道。"千万警惕，别在这一步又把责任揽回自己身上，你可以用上面的问题继续激发对方："你听见或者看见过谁怎样解决这个问题的？"并且一定要注意，不评判对方的任何想法，鼓励对方尽量多说多思考，直到说出他的想法。如果对方实在说不出来，你可以给出三个以上的建议，让他自己选。

（4）W——Will，强化意愿

第四步，在强化意愿阶段，销售教练需要做的最重要的事情是激发和提升下属的行动内驱力和意愿度，同时让对方意识到销售教练会强有力地支持他的行动，通过一些对于达成目标后愿景的描述等可以有效达成双方想要的结果。

强化意愿的常用提问

- 你总结一下今天我们交流的内容有哪些？
- 刚才的交流，你有怎样的收获？
- 你打算什么时候开始做？
- 下一步打算做什么？
- 你还需要谁对你提供帮助和支持？
- 你会用怎样的方式让我知道你已经做到了？
- 目标达成后，你会如何庆祝？
- 目标达成后，你最希望给自己一个怎样的奖励？

当问出这一组问题，对方已经开始制订下一步的具体计划了，已经在规划如何找到资源实现目标。注意，一定要有截止日期，因为截止日期就是生产力。在反馈的最后，一定要表达对对方的认可，表示你会跟进对方的行动，并为对方提供支持。

2. GROW应用案例

小张刚刚提升为销售部门经理,他面临着资深大客户销售人员短缺的问题,部门很多工作急需尽快启动,却因为人事部迟迟招不到人而难以开展,很是焦虑、着急。老王是小张的领导,在询问部门工作进度时,小张提出人手问题,希望得到老王的帮助。

老王:"小张,最近大项目开发得好像不太顺利,看你心事重重的样子,有什么问题吗?"

小张:"领导,最近部门有很多项目要启动,但人员一直没有到位,客户推进速度确实慢了不少,很多是我亲自在跟进,我这里的专业销售人员一直短缺啊!"

老王:"哦,听起来你是想解决专业大客户销售人员缺口这个问题,是吗?"

小张:"是啊。"

老王:"关于专业大客户销售人员缺口的问题,你期待的具体目标是什么?"

小张:"我希望到月底之前能招到两个大客户销售经理。"

老王:"听起来,在月底前招到两个大客户销售经理既重要又紧急啊?"

小张:"是啊,真的急死了!"

老王:"关于这个问题,之前你都做过哪些尝试啊?"

小张:"我真是费了不少劲!我每周都要求HR给我发简历,每周至少安排三场面试,也花了不少时间配合他们面试。"

老王:"效果怎么样?"

小张:"我一直在催HR,可是HR好像不太给力,人上得特别慢,好不容易来个人也不合适。"

老王:"你觉得是什么原因导致HR不给力呢?"

191

小张："我也不知道。"

老王："过去HR招聘给力吗？"

小张："嗯……他们过去在招聘普通销售人员时还是不错的，对于招聘专业大客户销售人员他们可能没有经验，招聘渠道也不行。"

老王："那你觉得HR在这件事上应该起什么作用？"

小张："本来我觉得招聘就是HR的事情，我们只要把要求给他们，剩下的都是他们的工作了。"

老王："你现在怎么看待HR未来在这件事情上的作用？"

小张："坦白说，专业销售人员的招聘HR确实帮不上大忙，他们顶多帮忙收集简历、安排面试。我圈内的朋友可能有更好的判断和人脉资源。"

老王："那你觉得在解决大客户销售缺口的问题上，你还可以做哪些努力呢？"

小张："我可能需要让HR更充分地理解我们需要什么人，今天我就和HR沟通一下，把我们的要求说得再具体一些。另外，我还要让我们部门的同事和行业圈子里的人来推荐一些人，争取有10个候选人吧，这样会比HR推荐的更靠谱。"

老王："好的，这样做你觉得能够实现月底前招到两个大客户销售经理的目标吗？"

小张："应该可以。"

老王："现在，你马上可以做的是什么呢？"

小张："我今天就在圈子里发布详细的招聘信息，多收集点线索，希望能得到一些靠谱的推荐。然后，我请HR改变招聘渠道，在猎头那里也找一找。行业内的能手、猎头手上的信息应该会比较多。通过猎头，至少应该能拿到5个候选人吧。"

老王："好的，你可以总结一下我们刚刚交流的内容吗？"

小张："嗯。我本来把招聘不力的责任全部推给了HR，觉得一点办法都没有了，现在发现我还可以做很多事情，对目标也更清晰了，我觉得马上行动起来，也许有转机。"

老王："太好了，期待你月底招到合适的人。在这个过程中，如果你遇到了困难也可以找我沟通。"

小张："好的，谢谢领导。"

3. GROW工具表

（1）提问清单表

提问清单表如表6-4所示：

表6-4 提问清单表

步骤	提问清单
Goal 聚集目标	从长远看，你要达到什么目标？
	你怎么知道你达到目标了？你会看到什么、听到什么、感觉到什么，才能让你知道你取得了进展？将会完成什么样的行动或者结果？
	对于这个/这些目标，你个人有多大的控制或影响力？
	在达到这个/这些目标的过程中，有什么可以作为里程碑？
	你想到什么时候达成这个目标？
	这个目标是积极的、有挑战性的、可达到的吗？
	你怎么来衡量它？
	现在的情况怎么样？现在的现实情况是什么：什么事，什么时候，在哪里，有多少，频率等。
Reality 了解现状	直接和间接涉及的人有谁？
	如果事情发展得不顺的话，还会涉及谁？
	如果事情发展得不顺的话，对你来说会发生什么事情？
	到目前为止你是怎么处理的，结果如何？
	这种情况中缺少了什么东西？
	是什么原因使你裹足不前？
	直观地说，到底发生了什么事？

续表

步骤	提问清单
Options 探索方案	要解决这个问题，你有哪些办法？
	你还会做哪些事？
	如果在这个问题上你有更多时间的话，你会做什么努力？
	如果你只有更少的时间，那么你将会被迫做什么尝试？
	想象一下，如果你比现在更有精力和信心，那么你会做什么尝试呢？
	如果有人说"钱不是问题"，那么你会做什么样的尝试呢？
	如果你拥有所有的力量，那么你会做什么事情呢？
	你应该怎么做呢？
Will 强化意愿	你选择哪个/哪些办法？
	这可以在多大程度上达到你的目标？如果不能达到，那么还缺少什么？
	你关于成功的标准是什么？
	准确地讲，你将会在什么时候开始并结束每项行动或步骤？
	什么会阻碍你采取这些措施？
	采取这些措施，你个人有什么阻力？
	你怎么消除这些外部和内部阻碍因素？
	谁应该知道你的行动计划？
	你需要什么支持，由谁来提供这些支持？
	现在考虑一下，你希望怎么去做？
	要完成这些行动，按1~10分打分，你的承诺是几分？
	是什么阻碍你没有打到10分？
	你可以做些什么，把分数提高到接近10分？
	为了使你前进一步，在接下来的4~5个小时内，你可以做的一个小行动是什么？
	去做吧！现在就承诺采取这个行动！

（2）观察记录表

提问清单无法穷尽，为了审视提问的内容是否穷尽的好方法是使用观察记录表来评判是否涉及了完整的各个方面的问题，具体如表6-5所示：

第六招　提升高绩效销售管理者的沟通力

表6-5　观察记录表

区分	内容	倾听 提问 反馈
聚焦目标	营造信任和轻松的氛围	·点头微笑、目光注视、记录、肢体同步、复述、确认等行为 ·多提开放型、如何型、未来型问题 ·基于深度倾听进行提问，对话过程同频流畅 ·在对方表现出色时及时给予积极正向的反馈
	问出SMART目标	
	与对方确认目标，达成共识	
了解现状	了解之前已采取的行动、影响因素、资源、机会、挑战等情况	
	始终围绕目标了解现状	
探索方案	支持对方自行探索行动方案，如果有需要应进行告知，也要让对方有选择	
	采取的行动具体、可操作、有时限	
	确认行动方案能够支持实现目标	
强化意愿	请对方总结价值或收益	
	支持对方找到自我激励的方法	
	对对方进行认可并表示支持	

练习　请对以下六种情境提问，写出其GROW分别是什么。

买房、制订战略、教育子女、绩效管理、销售、健康管理。

参考答案：

[买房]

GOAL目标：有更多的房间可住。

REALITY现状：住在小公寓里。

OPTIONS方案：研究有哪些房子在售，定出选房标准。

WILL意愿/行动：选定房子，办理贷款。

[制订战略]

GOAL目标：制订"使命/愿景"。

REALITY现状：SWOT分析，关键因素分析，力场分析。

OPTIONS方案：各种策略。

WILL意愿/行动：制订适合战略的战术。

[教育子女]

GOAL目标：改善与数学老师的关系。

REALITY现状：刚换了一个班级，感到学习吃力。

OPTIONS方案：找老师沟通、请班主任给些建议。

WILL意愿/行动：找老师和班主任沟通。

[绩效管理]

GOAL目标：制订绩效提升计划。

REALITY现状：绩效不佳，想提升绩效。

OPTIONS方案：列出可以提升绩效的行动清单。

WILL意愿/行动：制订行动计划并达成共识。

[销售]

GOAL目标：与目标客户建立联系。

REALITY现状：了解客户目标和现状。

OPTIONS方案：和客户一起找到帮助他们达成目标的方案。

WILL意愿/行动：帮助他们选择正确的产品。

[健康管理]

GOAL目标：制订保持健康的计划。

REALITY现状：目前身体状况的报告。

OPTIONS方案：治疗和改变生活方式。

WILL意愿/行动：开始行动、定期检查。

四 提升潜能三步骤

具备了良好的关系、倾听的心态和技能，学会通过强有力提问了解真相，并在有效反馈的帮助下，我们能达成良好的沟通氛围和结果。对于如何提升下属潜能，还需要了解提升潜能的两个维度。

企业教练先驱之一格雷汉姆·亚历山大在《超级教练》一书中提及：P=p-i。其中，P代表"表现"，p代表"潜能"，i代表"干扰"。也就是说，**表现 = 潜能 − 干扰**。

基于这个公式，如果想要提高一个人的表现，我们有两种方式：一种是降低干扰；另一种是提升潜能。

举个例子。地面上有一条宽度为0.5米、长度为10米的直线道路。大部分具备正常走路能力的人都能轻松走完这条路。现在，假设这条同样宽度、长度的道路突然被抬升了1米，相信大部分人还是可以走完这条路。接着，如果继续将道路抬升到10米，你还能走完这条路吗？可能，对于某些人来说，这会是一个问题。那如果抬升到100米呢？可能对于绝大多数的人来说，走完这条路是一个大问题。在这个过程中，我们每次的表现都不同。然而，我们走路的能力并没有变化。那么，是什么影响了我们的表现呢？当然是高度的变化，它对我们形成了干扰。从表面上看，干扰来自外界。而事实上，真正的干扰来自我们内心对于这个外界变化的看法，如果我们能够克服内心对于高度的干扰，我们其实可以拥有同样的表现。

那么，什么是"潜能"呢？字面上的理解，就是潜在的能力。所谓"潜在"，当然是不能直接被发现的，是隐藏的、未知的。对于提升"潜能"，这里有两种状况。第一种状况就是要**发现"潜能"**，而发现的最好的方式，其实就是"**尝试**"。当然，尝试的背后也有需要去除"干扰"的地方。很多时候，影响我们去"尝试"的，恰恰就是内心的"干扰"。第二种状况是提升"潜能"或者说开发"潜能"，本质上就是"学习"。无论何种潜能，要形成"表现"，最终都要变成现实的"能力"。在相同的干扰下，能力决定了我们的表现。比如100米赛跑，同样的气温、风速、赛道，同样的内在状态（假设可以一样的话，比如都是放松、自然以及专注的），影响表现的就是能力。你**"能"**跑多快？从"潜能"变成"能力"，就是学习的过程。学习的真谛就是实现可能性，其实，就是形成及提升能力的过程。而无论怎样学习，最终形成能力的过程都离不开去"做"——尝试！

当然，除此之外，优化和促进一个人的学习过程也异常关键。比如，"专注"的程度决定了学习的效果（这是非常重要的一个因素），所以，10000个小时理论（成为某个领域的专家，需要10000个小时的练习时间），其实是说"刻意练习"的时间。如何优化和促进一个人的专注呢？这就是销售教练的作用所在。再比如，除了"专注"，每一次"尝试"之后的总结也是影响学习效果的另一个重要因素。因此，在形成"能力"的过程中，练习是其中一项重要的途径，甚至可以说是唯一的途径。而开发"潜能"，其实就是促进学习。

通过开发潜能，降低及去除干扰，从而提升销售个人乃至销售团队的表现，在这样一个进程中，销售教练所发挥的作用就在于此。

前文告诉我们潜能开发分为三步：建立信念、明确目标和引导正确的方法。

（一）信念

如果你没有对行动的结果的"相信"，你就不会去行动。能让我们发挥潜能的不是别的，而是"相信"。因为只有相信了，你才会真正行动起来。

比如，我们对金钱的信念就不同。

有人说："赚钱其实并不难。"有人说："赚钱是不容易的。"

有人说："喜欢的东西就要买。"有人说："钱要花在刀刃上。"

有人说："千金难买我愿意。"有人说："有钱能使鬼推磨。"

有人说："钱财乃身外之物。"有人说："钱是幸福的基础。"

有人说："钱不是省出来的。"有人说："要节约每一分钱。"

信念形成于幼年，或被父母强化，或被经验证实，或经个人选择。信念会影响你的行为。

信念："要精打细算。"我们就会认为客户对价格敏感。

信念："省钱与赚钱同样重要。"我们就会认为客户只愿将钱花在刀刃上。

信念："个人感受没有钱重要。"我们就会讨好客户。

信念："对有价值的人要大方。"我们就会舍得给客户花钱。

你开车上坡时，迎面开来一辆车，车上的人摇下车窗，跟你说了两个字："笨蛋！"你会怎么样？

1. 打一顿，骂一顿。
2. 不理他。
3. 想一下自己是不是真的是笨蛋。
4. ……
5. 提醒自己。

以上不同的信念将产生不同的行为：

"不理他"——刹车来不及了，掉沟里了。

"是在提醒我"——思考的时候减速了，安全通过。

一样的事情，不一样的是我们的信念，信念才是导致不同结果的原因。

练习 在销售的过程中客户为什么拒绝了你？请找到不同的信念背后的应对方法。

- 因为她今天情绪不好。→我可以试试改天再联系她。
- 因为我之前给她推荐的产品未达到预期效果。→我可以再试试。
- 因为她看我不顺眼，不喜欢我。→自我认同低。
- 因为她是大老板，我只是小职员。→自我价值感低。
- 因为她有病，我没药。→外求。

练习 请写出阻碍你做好销售教练的三个限制性信念，并改写信念。

（二）目标

通过如上GROW模型中的提问技巧，明确对方的目标，确定符合SMART原则，同时也是对方有很高意愿想去完成的目标。

目标常见的概念：

- 期待；
- 方向；
- 里程碑；
- 标准。

很多人没有实现"目标"是因为他没有清晰自己的"期待"，没有挖掘出自己实现这个目标的内驱力，不知道为什么要实现这个目标。不断发掘自己的内心，说清楚自己的期待究竟是什么？也就是自己到底想要什么？销售教练有时需要帮助下属完成这一步。比如，我曾和下属一起计算过想在上海过上他们想要的生活，一年到底需要多少收入的问题（如图6-5所示）。最后，他们发现公司给他们设定的销售指标根本不够，因为即便达到这个指标，他们的收入也不够支撑他们想要的生活，他们就会有更强的动力想要实现更高的业绩，因为只有那样，他们真正想得到的"美好生活"的目标才能实现。

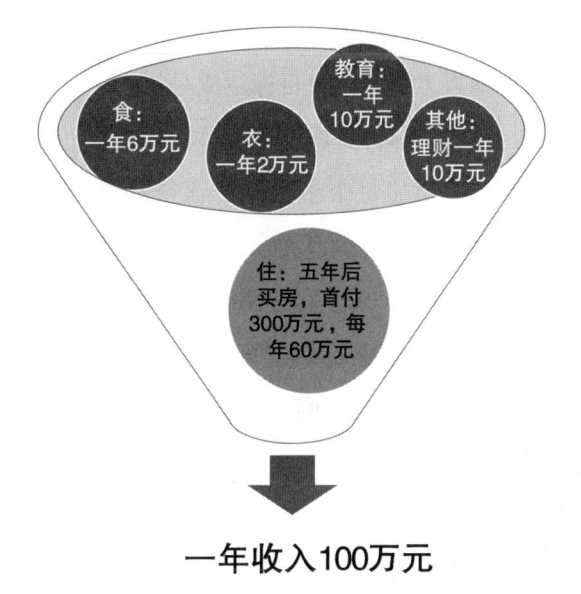

食：一年6万元

衣：一年2万元

教育：一年10万元

其他：理财一年10万元

住：五年后买房，首付300万元，每年60万元

一年收入100万元

图6-5　过想要的生活一年的收入

（三）方法

建立了信念，也明确了目标，还需要方法引导我们做到。但是，帮助下属找到方法的办法，不是我们直接告诉对方，而是通过提问的方式，引导对方去发现，因为只有自己说出来的，他们才会有更强的行动力。还是那句话：凡是销售教练说的都是你想让他做的，不是他自己想做的；只有他自己想到的、说出来的，他才会去做到。

本招小结

1. 3F倾听：事实，感受，意图。

2. 强有力提问：开放型、如何型、未来型。

3. 一分钟目标的五步骤：

　（1）销售教练和销售人员就销售目标达成一致；

　（2）销售人员将销售目标拆解成三个小目标，并制订出行动计划；

　（3）用不超过200字描述每个小目标（含行动计划），并且写在一张纸上；

　（4）每天至少读3次目标，每个目标用时1分钟；

　（5）每天至少3次，每次用1分钟时间审视自己的表现，看看自己的行动是否与目标一致，及时纠偏。我们只将时间花在重要的事上。所谓"重要"，就是指能实现目标的事情上。

4. 一分钟表扬四步骤：

　（1）表扬事实（具体行为）；

　（2）这件事带给你的感受（停留30秒）

　（3）表扬人（具有的品质）；

　（4）鼓励（相信他可以继续做得更好）。

5. 一分钟批评四步骤：

　（1）批评事实（具体行为）；

　（2）这件事带给你的感受（停留30秒）；

　（3）表扬人（具有的品质）；

　（4）鼓励（相信他可以继续做更好）。

6. GROW：目标—现状—选择—意愿。

7. 激发潜能三步骤：建立信念—聚焦目标—引导方法。

第七招
提升团队凝聚力

布鲁斯·塔克曼是一名科学家、教育心理学名誉教授。在塔克曼发表的一篇文章中，他提出了一个组织发展的四个阶段：Forming、Storming、Norming、Performing。后来，塔克曼扩展了其理论，在四个阶段之后又加入了第五个阶段Adjourning。

本招中，我们重点来讨论前四个阶段的特点和一些问题的应对方法，以帮助销售教练能够认识到在一个团队的建设中，当前是处于哪个阶段，以及可以采取哪些措施来帮助团队从形成迅速过渡到成型，可以帮助团队设置更清晰的目标，在恰当的时间制订基本规则，接受冲突，以及做好对于团队的引导。

塔克曼模型虽然经典，但仅是一个概念性的框架。在实际应用中，我们需要根据具体情况灵活调整。

一、布鲁斯·塔克曼的团队发展四阶段模型

（一）组建期

F阶段，Forming，蜜月期（也称为组建期、形成期）。这个阶段发生在

团队初建，成员刚刚见到彼此的时候。

在这个阶段，大家尽量避免冲突，因为彼此都是新人，都不想给对方留下负面印象。形成期的生产效率可能不高，因为成员们需要时间来熟悉和了解对方，认识各自的优点和不足，并学习如何共同协作。此外，这个阶段也是明确团队目标和制订基本规则的好时机。

小活动 **体验"组建团队"**

- 请你找到所有下属（销售团队所有销售人员），请每个人找到自己的一项能力（每人只能选一项，写好不能改）：

最大、最小、最长、最短、最多、最少、最高、最低……

- 自由组合形成符合要求的团队：

* 每个团队8名成员；

* 每个成员具有8项能力之一；

* 每个团队全部具有8项能力。

注：如果人数不够，可以减少到每个团队3~4人。

- "最"举例：

最大：影响力最大；肺活量最大；胆子最大；力气最大；饭量最大。

最小：年龄最小；声音最小；脾气最小。

最长：水下憋气时间最长；关注力时间最长；结婚时间最长。

最短：减10斤所花费的时间最短；跑1000米所需时间最短；做PPT所需时间最短。

最多：去过的城市最多；得过的奖金最多；会的外语最多；吃饭最多；微信朋友圈人数最多。

最少：读一本书所需时间最少；让父母操心最少；被领导批评得最少。

最高：长得最高；夺冠呼声最高；打靶命中率最高；保持了XX的最高纪录。

最低：XX要求最低；腰弯得最低。

本阶段最大的三个挑战

● 挑战一：如何在团队内部合理分工？

按照不同的人的不同能力和擅长分配工作，核心是找"对"的人，**个人能力与团队需求（目标）匹配**，招"对"的人是关键。

● 挑战二：如何应对能力和意愿不匹配的情况？

沟通协调是关键。按能力和意愿来分：有能力不愿意干，销售教练要与对方多沟通对方的困难、挑战和顾虑，喜欢什么不喜欢什么，工作规划等，看怎么能帮到他，最理想的是安排他最愿意做又有能力做的事，无意愿有能力也干不好。比如，让一个销售人员做Excel表格，无论他是有意愿无能力，还是无意愿有能力，最后都会变成无意愿也无能力。意愿比能力更重要，先提升意愿，再想办法提升能力。

● 挑战三：团队中缺乏必需的能力怎么办？

学习或者外包。

总结

组建团队时根据目标找到能力匹配的人，尽量安排每个人做他既有意愿又擅长的事，任人唯才而不是任人唯亲。如果团队缺乏必需的能力，我们就应学习或寻求资源（支持）。

（二）激荡期

S阶段，Storming，磨合期、激荡期（也称为震荡期）。在这个阶段，各种想法已经形成，并开始激烈碰撞。

除了观念差异外，反对和争执也会伴随着团队成员的不同观点产生。塔克曼认为，团队环境中的两个关键指标是成员的成熟度和对不同意见的容忍度。这个阶段正是对这两个指标的考验。在这个过程中，我们可能会观察到团队成员之间的沟通不适应、分工不认可、工作流程不统一等冲突。正如群体讨论从发散到收敛的过程中存在一个痛苦的过渡阶段，这个让人不太舒适的激荡期也是必不可少的。团队成员和管理者都应该正视这些问题，并鼓励成员以团队目标为导向解决这些冲突，为团队的前行奠定基础。

小活动　体验"碰撞思想"

- 每个队三张A4纸。
* 5分钟时间讨论（讨论后再发纸）；
* 可以用自己的纸先做实验。
- 在给定的时间里能搭建最高的塔的队获胜。
* 纸张可以任意裁剪；
* 不能使用其他工具（粘、夹等）；
* 高度为握住纸塔最上面一只手到塔顶的垂直距离。
* 时间为5分钟。

本阶段最大的两个挑战

- 挑战一：团队缺少必要的交流怎么办（如何促进团队内部的交流）？

注意不要一个人做单向汇报，让每个人都有发言的机会。

有碰撞，"保持沉默"并不是好办法，只有大家开诚布公地交流，才有可能有创新的想法或其他好方法，团队领导一定要为大家创造沟通的渠道和方法。

1. 做一个固定的周会或月会，安排定期沟通。在沟通上，注意不要一个人做单向汇报，让每个人都有5分钟的发言时间。

2. 反复沟通。不断创造机会让大家交流。

【举例】以前，公司开会总是总经理一个人在说话，即使大家有不同意见，也不敢说话。虽然表面一团和气，但开完会都不执行。后来，总经理让大家在会上充分讨论，并达成一致，结果团队的执行力大幅度提升，最终实现了年度目标。

● 挑战二：有时大家吵得不可开交，怎么办（如何通过建设性冲突来达成共识）？

大家愿意沟通了，再把目标拿出来，对事不对人，尽量避免人身攻击。制订开会规则，轮流发言不打断。运用一些工具，利BI分析，投入产出比（分析），加权投票。有效沟通，解决问题都有团队决策的内容。

总结

保证大家目标一致。作为团队领导把目标拿出来，当我们带着共同的目标时，把讨论变得更有建议性。我们要使用一些讨论的原则和方法。我们在开会前制订一些开会规则，比如"对事不对人""别人发言时先不打断"等，并使用之。如果只是在决策时有分歧，无法达成共识，我们可以用一些团队的决策工具，比如加权投票法等（详见《7招打造超级销售力》《7招打造超级谈判力》）。

（三）规范期

N阶段，Norming，规范期。这个阶段的冲突已然大大减少了。

经过了磨合期，团队成员已经相互熟悉，各自在团队中的角色都已明确，团队的价值观、规范、方法和工具等已经确立，项目也随之进入稳定阶段。事物发展的规律通常是螺旋式上升的，团队建设也不例外。在这个阶段，可能会出现退回激荡期的情况，尤其是在工作内容发生变化时。作为管理者，在这个阶段应保持耐心、观察和等待，仅在必要时进行干预。在这个阶段，应保持团队稳定，并为团队的进一步发展留出空间。

小活动　体验"形成规范"

- 将给定的数字从背后依次传递到第一个队员。

* 保持绝对安静（传递过程和传递完毕均不能说话，拍手、跺脚等）；

* 只能通过从背后发信号依次一个一个传递，不能使用笔和手机等工具；

* 传毕举手示意，被许可后大声说出数字。

- 速度快、答案正确并且严格遵守规则的团队获胜。

注：一共做两轮，第一轮结束后请大家做总结和讨论如何改进，再开始第二轮。

本阶段最大的两个挑战

- 挑战一：团队成员之间的工作难以协调，怎么办（如何让团队协调一致工作）？

成熟的团队一定会有规范，我们称为流程。沟通、解决问题、应对紧急事件的流程都讨论清楚，流程清晰，不需要销售教练再协调，大家就清楚先找谁再找谁。如果你发现你特别忙乱，说明流程是不清晰的。如果流程清晰，就不需要处理突发事情了，规则的本质就是流程。

● 挑战二：规则和流程很多，但实施效果不好怎么办（什么样的规则是好规则）？

符合以下标准的：

* 清晰一致的；

* 经过验证的；

* 高效执行的；

* 反复改进的；

* 适应变化的；

* 确保质量的。

特别注意：规则不是一成不变的，而是需要反复改进的，是需要适应变化的。当你发现外部环境变了、公司规定变了，马上要回头看一下，一定不能以不变应万变；如果实施效果不好，也说明要改进，如此才能确保高质量地完成目标。

【举例】公司的一个绩效考核制度，先要经过半年左右的测试+试运行后再实施；在实施1~2年后，根据公司的战略目标进行修改。

总结

成员之间如经常出现工作难以协调，只能说明流程还不清晰。符合标准的流程才是好的规范，特别要注意根据实施的效果进行及时修正。

（四）执行期

P阶段，Performing，高效期（也称为成型期或执行期）。在团队的生命

第七招　提升团队凝聚力

周期中，这是最棒的一个阶段，是聚成一团火的时期。

在这个阶段，成员已经学会了如何处理冲突，减少了在人际关系上的投入，更加专注于工作。在这个阶段，团队成员能够自我管理，对目标进行精进，提高生产效率。作为管理者，在这个阶段的任务是提供支持和服务。

小活动　体验"高效运转"

- 给每个队员一张A4纸。
- 每张纸用于制作4个纸飞机。
- 在给定的时间内，制作了合格（如图7-1的折法折出的飞机才是合格的）的飞机数量最多的队获胜。

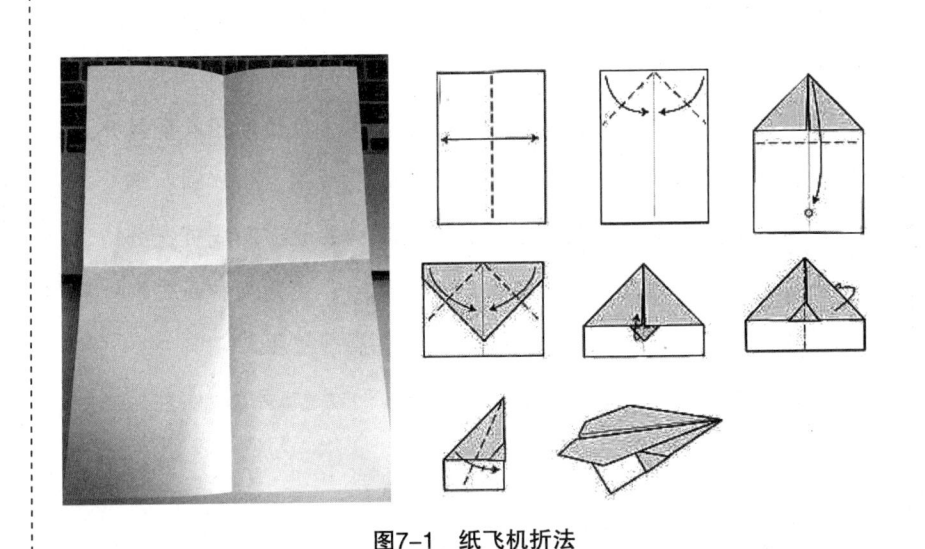

图7-1　纸飞机折法

本阶段最大的挑战

- 挑战：如何一直保持团队成员的积极性？

开心的情绪，共同的目标，目标清晰。

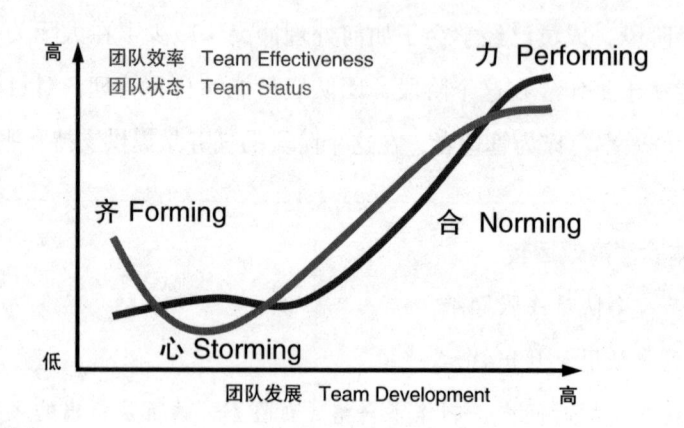

> **总结**
>
> 高　团队效率 Team Effectiveness　　力 Performing
> 　　团队状态 Team Status
>
> 齐 Forming　　　　　合 Norming
>
> 心 Storming
>
> 低　　　　　团队发展 Team Development　　高
>
> 图7-2　塔克曼团队发展四阶段模型
>
> ● 团队状态：与精神面貌、心理状态、感受相关。
> ● 团队效率：与绩效有关。
> ● 布鲁斯·塔克曼的团队发展四阶段模型告诉我们团队发展分为四个阶段，分别是组建期、激荡期、规范期、高效期。组建期：要看个人能力，而且每个人的能力有所不同；激荡期：要让团队成员充分沟通，对事不对人，彼此朝着共同的目标前进，磨合；规范期和高效期：要形成流程和规范，大家要齐心协力，才能成就高绩效团队。

二　克服团队协作的五项障碍

一个篮球队，如果人人都是高手，他们未必能打赢对手，因为篮球是需要多人配合完成的任务。同理，在企业中的团队是需要每个个体相互协作才能取得佳绩的。

假设这里有两个组织：A组织和B组织。

第七招 提升团队凝聚力

A组织的领导团队彼此坦诚相待，热烈讨论重要问题，执行明确的决策。即便他们最初可能存在分歧，一旦他们的行为或表现需要纠正时，他们会指出彼此的问题，然后把注意力放在组织的共同利益上。

B组织的领导团队彼此心存戒备，也不太真诚。他们在对话中互相隐瞒，虚假承诺。当他们的行为或表现需要纠正时，他们会表现得犹豫不决。他们往往是按照自己的日程而不是集体的计划行事。

问题：

- A组织与B组织相比，到底有什么优势？
- 现实中的组织花费了多少精力在这些优势的打造上？

《优势》一书中提到组织的成功有两大要素：一个是聪明；另一个是健康。聪明是指战略、营销、财务、制造、技术；健康是指最少的办公室政治、最少的混乱、高涨的士气、高效率、优秀员工的低流失率。聪明显得可衡量、客观、有数据论证、相对安全、容易接受；健康似乎更难处理、更不可预知，预示着主观和尴尬的对话的风险。

猜猜我们会偏向哪一个？为了逃避风险，我们往往会偏向聪明而忽略组织的健康。

为了保护自己——不提没把握的问题；

为了维护团队——不提分歧性的问题；

为了不使人难堪——不提质疑性的问题；

为了被大家接受——只作折中性结论。

可是，如果没有健康，再聪明又有何用？

在如何提升团队凝聚力上，我深受一本书的影响，这本书叫《团队协作的五大障碍》。

书中讲述的是57岁的凯瑟琳上任决策科技有限公司的CEO，而她需要面对及解决的问题是尽快重整一支互相倾轧、混乱不堪的管理团队，一支导致整家公司摇摇欲坠、濒临倒闭的管理团队。她能够创造奇迹，帮助这家公司逃过倒闭的噩运吗？这个故事的最终结果当然是团队逐渐步入正轨，公司业绩蒸蒸日上。美好的结局向我们揭示了团队协作的五大障碍和克服五大障碍的方法，这五大障碍分别是缺少信任、惧怕冲突、缺乏承诺、逃避责任、忽视结果，具体如图7-3、图7-4所示：

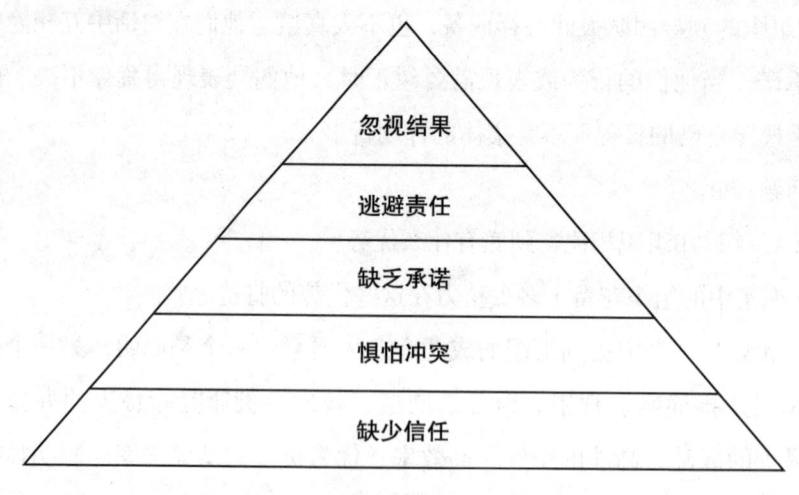

忽视结果
逃避责任
缺乏承诺
惧怕冲突
缺少信任

图7-3 团队协作的五种障碍模型

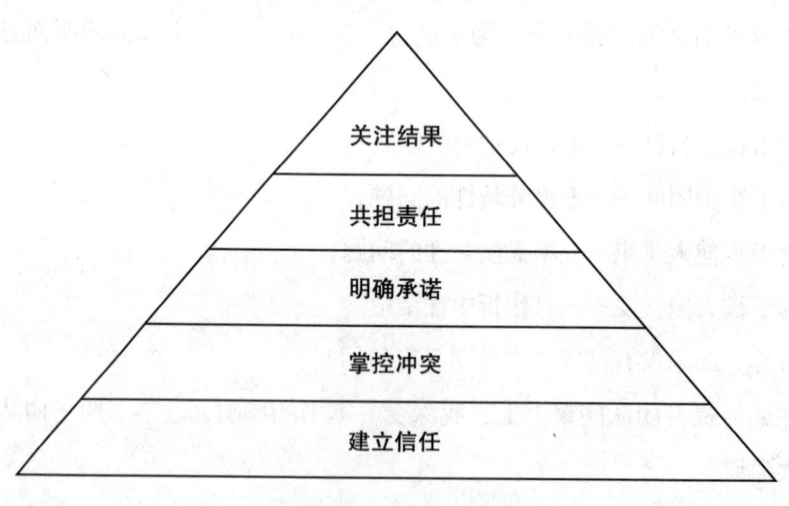

关注结果
共担责任
明确承诺
掌控冲突
建立信任

图7-4 克服团队协作的五种障碍模型

（一）"建立信任"的关键点

优秀团队的成员绝不会相互防备，他们不会掩饰自己的缺点，勇于承认错误和不足，敢于发表意见，不必担心自己遭到打击和报复。团队信任与我们不害怕暴露自己的不足及担忧有关，彼此信任的团队成员能够敞开心扉，轻松地谈论自己的失败、恐惧、弱点。办公室政治会毁掉团队的成功。不害怕承认自己的真实情况、不隐瞒自己弱点的人，就不会卷入那些浪费每个人时间和精力的办公室政治。

我们之间可以坦然地面对，我们可以诚实地说：

"我错了。"

"我需要帮助。"

"我不是很确定。"

"对不起。"

"我犯了一个错误。"

"在这方面你比我更擅长。"

记住，团队协作由建立信任开始，唯一的办法就是消除戒心。

信任练习

团队中的每个人将以下问题的答案准备好，轮流上台分享。回答以下四个关于"我自己"的问题：

1．你是在哪里长大的？

2．你有几个兄弟姐妹？你排行第几？

3．在你的童年时期，你经历过的最困难、最重要，或者最特别的挑战是什么？

4．除了父母，谁给你的影响最大，你的感受是什么？

团队真正建立信任的唯一方法就是敞开心扉，毫无保留。

总结

- 信任是团队协作的基础。
- 信任与不害怕承认自己的弱点有关,而团队要想做到这一点很难。
- 建立团队信任需要时间,但可以加速这个过程。
- 建立信任不可能是一劳永逸的,需要不断地花时间进行维护。

(二)"掌控冲突"的关键点

没有信任,团队不可能出现真实的、有创造性的思想冲突。但是,即使建立了互信关系,在面对冲突时团队也会遇到困难。冲突在团队中是不可避免的。团队成员需要学会如何有效地处理和解决冲突,以避免影响团队的凝聚力和生产力。

惧怕冲突的团队的根源仍然来自缺乏信任,缺乏信任的团队冲突表现在以下几个方面:

- 缺乏信任的团队的争吵通常是破坏性的,因为他们会带入办公室政治、骄傲自满和争斗的成分;
- 互不信任的人之间出现激烈的争论,谁都想赢;
- 他们通常不会倾听别人的看法并重新考虑自己的观点;
- 他们会琢磨出如何操纵谈话并对自己有利的方法;
- 更糟糕的是,当面不吵,背后乱搞。

团队冲突可分为两类:一类是建设性冲突(良性冲突);另一类是破坏性冲突。不要惧怕冲突,我们需要冲突,我们需要的是良性冲突。

有建设性的积极冲突(良性冲突):团队成员可以围绕团队重要问题进行热情的、毫无保留的争论。良性冲突有三个特点:

- 没有人保留自己的观点;
- 提出很多问题;

- 有时会有人感到不舒服。

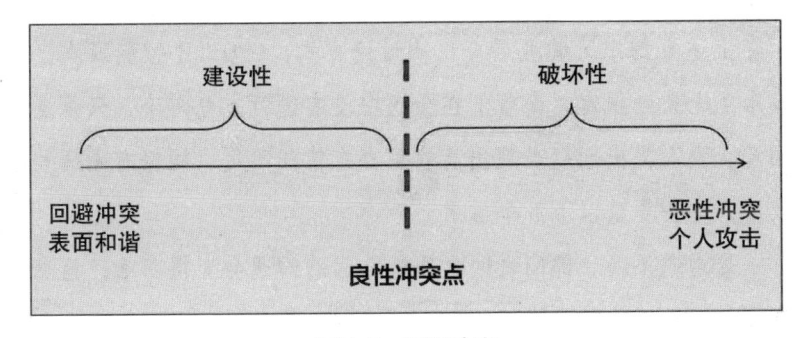

图7-5 团队冲突

案例　消极的代价

因为公司销售额的下滑和支出的增加给这家制药公司带来了压力。在一次管理层会议上，CEO决定为了控制成本，宣布了"差旅标准和差旅报销的七条新规定"，这对于经常出差和进行长途旅行的人来说似乎不太容易做到。与往常一样，高管团队中缺乏辩论，高管们只是点头表示同意，这是CEO乐于接受的会议惯例。然而，在这次会议后，一半的高管向他们的团队传达了这七条不受欢迎的新规定，要求团队成员大幅缩减差旅支出；另一半高管则告诉员工不必理会这些规定。当公司员工开始注意到不同部门的出差待遇存在很大不同时，愤怒和沮丧爆发了。兑现承诺的部门员工对领导感到不满，因为领导要求他们遵守比其他部门更严、更难以执行的标准。兑现承诺的部门领导对忽视承诺的部门领导感到很生气。

思考：在上述管理层会议中，问题是如何被讨论的？对于一家公司而言，如果高管层缺乏信任、存在同僚间的矛盾和办公室政治，会导致什么后果？

参考答案

在上述案例中，管理层会议的讨论方式：CEO为了控制成本，单方面宣布了七条新规定，高管们在会议中没有进行充分辩论，只是点头表示同意。没人提出问题表现出高管层存在信任不足、同僚有矛盾和办公室政治，这会导致以下五个后果。

一是沟通不畅。部门之间和高管之间的沟通会变得困难，信息传递不准确，导致工作效率降低。

二是决策困难。由于信任不足和矛盾，高管团队在做出决策时可能会犹豫不决或无法达成一致，影响公司的发展。

三是士气低落。员工会因为高管之间的分歧和不信任感到沮丧，导致士气低落，影响工作效率和团队凝聚力。

四是内部消耗。办公室政治可能导致高管将精力放在争取个人利益和部门利益上，而非关注公司的整体利益，导致资源浪费。

五是公司形象受损。内部矛盾可能影响公司对外的形象，使合作伙伴和客户对公司的发展前景产生疑虑，影响公司业务的拓展。

正确的做法应该是以下五个方面。

一是建立沟通渠道。CEO应为所有高管搭建一个定期沟通的平台，以确保各方能够充分表达观点和需求。

二是寻求共同目标。CEO应强调公司成功是所有部门的共同责任，鼓励高管们寻找共同目标，以便在解决问题时保持一致。

三是促进理解。组织一次研讨会，让高管们深入了解彼此的困境和需求，增进彼此的理解。

四是寻找解决方案。在充分了解对方的观点后，引导高管们共同寻找解决问题的方案，以达成妥协。

五是落实解决方案。CEO应确保所有高管团队成员都遵守达成的解决方案，并对其进行监督和评估。

通过这些措施，制药公司可以解决高管团队之间的分歧，使公司能够更好地应对销售额下滑和支出增加的问题。这将有助于提高公司整体的生产力和凝聚力。

为什么团队很难获得良性冲突呢？我们经常会积极、正向地争得面红耳赤吗？如果你的团队很多时候也是沉默不语，在建立了信任的前提下（掌控冲突的前提必须先建立团队成员间的信任），我们可以尝试一些方法来解决这个问题。

练习 冲突契约

直面冲突时如果我们有了这个约定，会让我们有更大的勇气去表达心里话，让我们更加专注于寻求最佳答案，而不是小心提防自己的安全和对他人的冒犯。

在工作和会议的研讨和争论当中、在团队议事和决策的过程当中：

- 我喜欢和可以接受的行为是……
- 我不喜欢和不能接受的行为是……

冲突契约范例一

- 保持诚实，避免背后议论他人。
- 表达真实观点，不惧怕冒犯他人。
- 关注问题本身，而非针对个人。
- 在会议中坦诚分享自己的观点，毫无保留。

冲突契约范例二

- 遵守会议时间，准时参加会议。
- 集中精力，积极参与讨论。

- 沉默代表不同意，表达自己的观点。
- 如有疑问，直接与相关人士沟通。
- 如有认为会议浪费时间，立即提出。
- 避免猜测和假设他人想法，主动求证。
- 坦诚交流，不在背后议论他人。
- 避免装糊涂，不发表讽刺挖苦的言论。

总结

- 良性的冲突产生在团队信任的基础上，大家会围绕冲突的议题毫无保留地、有建设性地争论。
- 即使在最好的团队中，冲突也会让大家不舒服。
- 不同团队处理冲突的标准不同，团队要讨论出这个标准，并加以明确。
- 成员之间偶尔的个人冲突，不应该妨碍团队继续进行正常、积极、有建设性的争论。

（三）"明确承诺"的关键点

能够投身于积极的冲突，就为成员执行团队的决定提供了基础。

什么是团队的承诺？

案例

　　一家公司的信息技术部门管理团队召开了一次会议，以明确部门的核心目标和工作价值观。在会议结束时，许多成员认为讨论的内容还需要进一步明确，才能向整个部门传达。部门管理团队承诺再次召开会议，以消除意见分歧，并确保所有团队成员达成共识。

然而，团队未能抽出时间进行深入讨论，而是直接召开了全体部门会议，向50多名员工提出了新的目标和价值观。在这次全体会议上，管理团队的一位分管负责人开始陈述，但很快遭到了反对。令人尴尬的是，这些反对意见并非来自50多名员工，而是来自管理团队中的一员，他大声表示自己从未喜欢或愿意接受这些目标和价值观。会场上的人目瞪口呆，部门管理团队在员工面前显得非常不专业。部门负责人承认："我们无法达成共识，却在这里要求全体下属目标一致、步调一致！"

思考：部门管理团队出了什么问题？什么是团队承诺？

参考答案

在上述案例中，部门管理团队出现了三个问题。

● 意见分歧：在制订部门核心目标和工作价值观时，管理团队内部存在分歧，未能达成共识。

● 缺乏沟通：管理团队未能充分沟通和解决分歧，而是直接向全体员工提出了新的目标和价值观。

● 缺乏团队凝聚力：管理团队在向员工推出新目标和价值观时，未能展现出团结和共识，导致员工对新目标的接受度降低。

团队承诺是指团队成员对共同目标、价值观和工作方式的认同和承诺。在一个高效的团队中，所有成员都应充分了解并支持团队的目标和价值观，以便共同努力实现目标。团队承诺的要素包括：共享目标、价值观共识、互相支持和沟通与反馈。

共享目标：团队成员对共同目标有清晰的认识，并愿意为实现这些目标付出努力。

价值观共识：团队成员对价值观有共同的认识，这将影响团队的工作方式和决策。

互相支持：团队成员之间相互支持，共同解决问题，以提高团队的整体绩效。

沟通与反馈：团队成员之间保持开放和诚实的沟通，及时反馈问题和建议，以便快速解决问题并调整工作方式。

在上述案例中，部门管理团队应遵循团队承诺原则，在内部达成共识并确保团队成员都支持新目标和价值观之后，再向全体员工传达。这样才能确保团队内部的团结和员工的信任。

团队承诺的重要特征是，在团队中，成员们在充分表达和争论之后，虽然结论可能与个人的意见不一致，但仍然会承诺支持和坚决执行。团队承诺存在于既具备睿智又不乏魄力的团队中，成员们在没有完全同意某个决议的时候就能表示支持——因为，他们有能力克服"不一致"，他们能够"认同"（是指获得忠实的、情感方面的支持）和"理解"（是指消除假设和误解）。

具体的做法可参照如下步骤：

一是每次会议的最后15分钟，团队领导要问：今天我们决定了什么？然后，团队领导在白板上写下团队做出的每一个决定。

二是团队成员认真考虑每一个决定，确定这就是我们当时同意的内容。如果不确定，团队重新讨论直到每个人都清晰地了解决定的内容。

三是当所有人都认为已清晰地了解了决定的内容后，请每个人把决定写下来。

四是最后团队决定哪些内容要**逐级逐层**地沟通传达。

逐级逐层地沟通的具体操作步骤有以下两步：

一是会议后24~48小时内，每个成员都要和同事及下属对团队的最终决定进行沟通。这些沟通最好是面对面讨论，至少在电话中进行，但是不能仅仅通过E-mail的方式，因为在交流中你要给对方随时提问解释的机会。

二是逐级逐层的沟通可以确保团队成员完全理解会议做出的决定，团队将变得更加优秀。

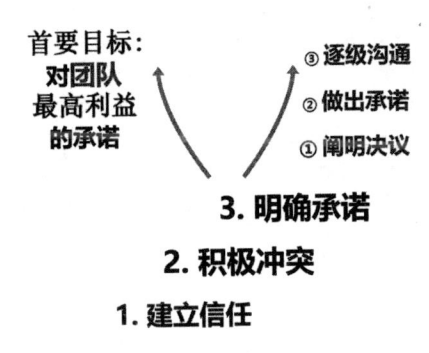

```
首要目标：              ③ 逐级沟通
  对团队                ② 做出承诺
  最高利益              ① 阐明决议
  的承诺
              3. 明确承诺
            2. 积极冲突
          1. 建立信任
```

图7-6　逐级逐层地沟通

明确承诺还有一个大前提，就是团队目标的聚焦性。

我们一个团队往往有N个"重要目标"，但实际上我们只有一个"首要目标"。如果目标都重要，那么我们的精力将被平均分配，最后可能所有目标都无法实现。所以，我们必须聚焦于"首要目标"。

首要目标的重要性有四点：

第一点，首要目标的方法能帮助我们明确承诺，这也是团队所需要的一个很重要的能力——关注首要目标；

第二点，首要目标就是整个团队在限定的时间内最优先要完成的目标，团队的首要目标可以在一个特定时间段内（如三个月、半年）增加收益、提高市场辨识度或强化团队；

第三点，关注首要目标可以避免部门间政治和权力的斗争，这种斗争会使不同部门之间的成员相互攻击；

第四点，首要目标可以将团队从上至下的员工都团结起来，当事情进展不顺利时，为重新设定工作路线提供客观的手段。让我们来看一下什么是首要目标，然后为我们的团队设立首要目标。

首要目标的四个关键要素

1. 唯一性：团队在一定的时期有唯一的首要目标，因为如果每一件事都重要，那就等同于所有的事情都不重要。

2. 确定性：首要目标通常是用一个词来形容想完成某件事情的愿望，将大家团结在一起并行动起来。这个词可以是"提高""降低""建立""消除"。实际上，首要目标是通过测量、数值或者目标数据来具体说明的。

3. 时限性：首要目标只在限定的时间内存在，如3~12个月，因为它是定性的目标，而时限则由团队的性质来决定。

4. 共享性：首要目标适用于所有的团队成员，无论你的专长和兴趣是什么。有一点非常重要，即使首要目标是某个成员工作本身的职责，其他的成员也要为这个目标努力。

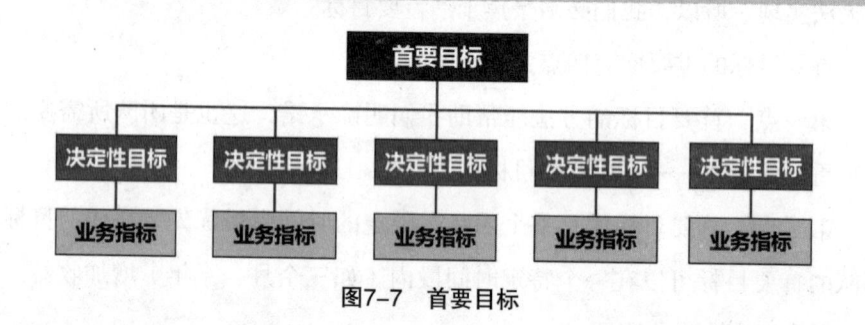

图7-7 首要目标

练习一　案例分析

某轮胎制造商近期遭遇了一起交通事故，事故导致人员伤亡。调查结果显示，事故的原因是轮胎质量缺陷，而这款轮胎正是该厂商生产的。这一事件使公司陷入了严重的质量和声誉危机。

如果大家就是这家轮胎公司的高管团队，想一想：现在最应该做什么？首要目标和分解目标分别是什么？

> **参考答案**
>
> 1．全面调查：对所有已生产和销售的轮胎进行全面的质量调查，以确定是否存在其他潜在的质量问题。
>
> 2．透明沟通：向公众、客户和监管机构诚实地承认错误，并提供有关质量调查的实时信息。
>
> 3．产品召回：根据调查结果，对存在质量问题的轮胎进行召回，以确保客户的安全。
>
> 4．改进质量：分析事故原因，采取有效措施改进产品质量，确保类似事故不再发生。
>
> 5．赔偿受害者：对事故中的受害者和家属提供适当的赔偿，并承担相应的法律责任。

首要目标：化解质量和声誉危机，恢复公众对公司的信任。

分解目标：全面调查产品的质量问题，确定影响范围；与相关方保持透明沟通，积极应对舆论；有效地组织产品召回，降低事故风险；采取行动改进产品质量，消除潜在风险；赔偿受害者并承担法律责任，树立负责任的企业形象。

> **练习二** 请制订出本团队的首要目标：在未来的6个月里，如果你的团队只能做一件事，那么这件事是什么？
>
> 同时，请思考如下问题：
>
> 1．如果这个首要目标没有被实现，我们会不会认为：这6个月我们失败了？
>
> 2．如果我们完成了所有的分解目标，是不是就实现了首要目标？还有什么事情是必须要做的？
>
> 3．我们每个人现在正在做什么？它们符合首要目标吗？哪些事情

是应该停下来的？哪些事情是应该立即开始做的？

4．在团队的定期工作会议上，比如每周工作例会，我们会紧盯这个首要目标的进度吗？它真的会贯彻到我们的日常工作要求当中去吗？

总结 **"明确承诺"的关键点**

● 承诺需要被理解和认同。

● 为了做到理解，团队应该避免出现对决议的猜测和含糊不清的解释，在讨论结束的时候，应该明确理解我们做出的决定。

● 认同并不要求全体一致同意。卓越团队的成员们明白即使互相之间存在不同意见，也可以对某个决议做出承诺！

（四）"共担责任"的关键点

共担责任，是指当团队成员没有按照组织的标准行事时，大家自愿地互相提醒，而不是团队领导者一个人负责。需要克服不愿意给他人批评意见、听到批评意见心里不舒服的习惯。有时候，即使知道这是建设性的意见，但就连关系最好的团队成员之间也不愿给出反对意见，因为大家不想破坏团队中积极高昂的氛围。但是，如果团队成员相互不负责任，他们最终不会尊重彼此，这种高昂的情绪也会慢慢消失。如果我们没有给同事提出建设性意见，相当于我们已经放弃了他们。隐瞒真实的想法，不仅伤害团队，而且伤害团队成员。团队中，给你压力的同事是你最好的朋友！

练习一 **团队有效性**

每一位团队成员，请问一下自己以下问题，看看每个人都有哪些影响团队协作和团队业绩的行为。

● 团队成员的哪些行为特征或品质对增强团队的优势做出了贡献？

- 团队成员的哪些行为特征或品质削弱了团队的优势?
- 来自团队成员对你的反馈意见,列出1~2项你将会立即采取改进的行动。

练习二　团队议事规则

- 约定的议事规则。
- 会议的内容和时间安排。
- 相对大家都适合的会议时间。
- 会议准时是否是最优先的?
- 会议中允许的行为。
- 会议中的沟通方式和注意要求。
- 会议期间,成员互动的自由程度。
- 会议可以延长到非工作时间吗?
- 会议之外的共享资源的使用、最佳沟通方式、回复的时限。

总结　"共担责任"的关键点

- 对强有力的团队而言,责任存在于同事之间。
- 在强调责任感的团队文化里,领导者必须有能力面对棘手的问题。
- 平等地相互负责,团队通过定期回顾计分板,在定期的团队会议上评估当前的进展情况。

(五)"关注结果"的关键点

个人兴趣和个人防卫,使得我们坚持关注集体的结果很困难。因素包含:
- 以自我为中心;
- 个人职业发展;

- 收入和待遇需求；
- 部门利益和绩效分享。

关注结果，是指一直关注正确的团队方向和目标优先级，不被其他事务分散精力。做到的关键因素之一是你的团队成员对于"第一团队"的定义。先来看看你自己的定义：你觉得你所属的团队更重要，还是你管理的团队更重要？如果你的答案是错的，也难保你的下属们有错误的选择。也许，他们没有管理的团队，他们管理的就是他们自己。**确保所有成员把他们所属的团队放到他们领导的团队前面**。优先权从个体转向集体，团队将获取巨大的竞争优势。

关注结果的重要行动之一就是要开好会议，在每次会议时：尽量创造积极的思想交锋；设定会议的类型，比如，每日报到会、每周战术例会、每月战略研讨会、季度业务回顾会议。

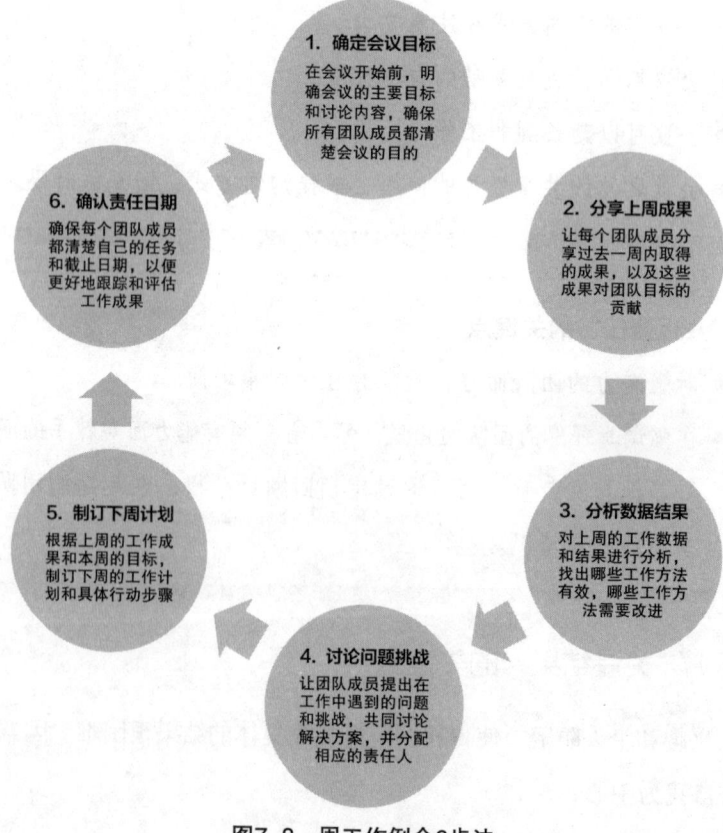

1. 确定会议目标
在会议开始前，明确会议的主要目标和讨论内容，确保所有团队成员都清楚会议的目的

2. 分享上周成果
让每个团队成员分享过去一周内取得的成果，以及这些成果对团队目标的贡献

3. 分析数据结果
对上周的工作数据和结果进行分析，找出哪些工作方法有效，哪些工作方法需要改进

4. 讨论问题挑战
让团队成员提出在工作中遇到的问题和挑战，共同讨论解决方案，并分配相应的责任人

5. 制订下周计划
根据上周的工作成果和本周的目标，制订下周的工作计划和具体行动步骤

6. 确认责任日期
确保每个团队成员都清楚自己的任务和截止日期，以便更好地跟踪和评估工作成果

图7-8　周工作例会6步法

关注结果的重要行动之二是制作一份可视化的计分板，让团队成员每时每刻知道团队的首要目标完成的进度。

可视化的计分板做成什么样并不是最重要的，但在制作时需要思考以下问题：

- 我们的首要目标是＿＿＿＿＿＿＿＿＿＿＿＿＿＿＿＿＿＿＿＿。
- 我们怎么知道我们已经实现了首要目标？
- 有哪些方法可以让我们能够跟踪我们向着首要目标迈进的步伐？
- 什么样的计分板可以帮助我们始终关注首要目标，并能够看到我们的每一个进步？

总结　"关注结果"的关键点

评估一个团队是否优秀，关键在于团队是否实现了之前设定的目标。为了确保团队成果不受干扰，团队成员应将团队业绩置于个人业绩和本部门业绩之上。持续关注团队成果，团队必须公开我们期望达成的结果，并让所有人共同见证整个过程。

本招小结

1. 塔克曼模型：组建期、激荡期、规范期、执行期。

2. 克服团队协作五种障碍：

（1）缺乏信任—建立信任：敞开心扉，毫无保留，基于弱点的信任。

（2）惧怕冲突—掌控冲突：冲突契约，对事不对人，鼓励良性冲突。

（3）欠缺投入—明确承诺：统一口径，确定最终期限，意外和不利的分析，低风险激进法。

（4）逃避责任—共担责任：公布工作目标和标准，定期对成果进行简要回顾，团队嘉奖。

（5）无视结果—关注结果：公布工作目标，奖励集体成就。